Katrin Grauwinkel
Leonie & Julian

Katrin Grauwinkel

Leonie & Julian

Rediroma-Verlag

Bibliografische Information der Deutschen Nationalbibliothek:
Die Deutsche Nationalbibliothek verzeichnet diese Publikation in der Deutschen Nationalbibliografie; detaillierte bibliografische Daten sind im Internet über http://dnb.ddb.de abrufbar.

ISBN 978-3-96103-485-7

Umschlagillustration:

www.rediroma-verlag.de
8,95 Euro (D)

Inhaltsverzeichnis

Prolog:

Ich habe es gespürt. Es war nicht die Art, wie er mich umarmt hat. Nein. Es war diese Art, wie ich ihn umarmt habe. Noch nie habe ich einen Menschen so eng an mein Herz gedrückt, als gäbe es kein Morgen, als gäbe es kein Wiedersehen, als wollte ich ihn halten. Halten, weil ich genau weiß, dass ich ihn irgendwann verliere.

Julian schaute in sein Spiegelbild, den Zettel drückte er fest an seine Brust. Seine linke Hand ballte sich zu einer Faust. Wut überkam ihn, Wut über den Verlust, und dass er es nicht verhindern konnte, dass er sich immer noch schuldig fühlte und diese Lücke in seinem Leben sich einfach nicht mehr ausfüllen lassen wollte. Tränen liefen unkontrolliert über seine geröteten Wangen, heiße Tränen aus Verzweiflung und es zerriss ihm fast sein Herz vor Schmerz.

Wie in Trance erhob er sich, zog sich seine Kapuzenjacke über und griff im Vorbeigehen nach seinem Autoschlüssel, der auf dem Esstisch zwischen Zeitschriften und Frühstücksgeschirr lag. Die Haustür fiel lautstark ins Schloss, der ältere Mann aus dem Nachbarhaus zur rechten, der soeben mit seinem Dackel vom Spaziergang heimkehrte, schaute Julian verdutzt hinterher. Gerade, als er einen „Schönen guten Morgen“ sagen wollte, schlug Julian die Tür seines Autos zu und fuhr mit aufjaulendem Motor davon. An einen Ort, an dem er seit über einem Jahr nicht mehr gewesen war, an einen Ort, an dem er sich eigentlich geschworen hatte, niemals wieder zurückzukehren.

Teil I

Kapitel 1: Sommer 2012

Er war der Junge von nebenan. Leonie kannte ihn schon fast ihr ganzes Leben lang. Genau genommen zwanzig Jahre, seine Eltern sind in das Nachbarhaus eingezogen, als sie drei Jahre alt war. So eine Art Sandkastenliebe. Leonie senkte ihre großen, dunkelblauen Augen und über ihre Mundwinkel huschte ein schüchternes Lächeln. Bekleidet mit einem luftigen Trägerkleid, lag sie auf der Wiese im Garten hinter dem Haus ihrer Eltern. Eingebettet in weichem Gras, umgeben von einem knochigen Kirschbaum, einem üppigen Fliederbusch und einem weißen Magnolienbaum, hatte sie hier ihren Lieblingsplatz. Es war ein Platz in der hinteren Ecke des Gartens, vom Haus aus nicht einsehbar. Es war ein Platz, wo sie ihren Gedanken nachgehen und träumen konnte. Wie viele Stunden, wie viele Momente hat sie hier schon verbracht, so manche Träne heimlich geweint, so manchen sehnsuchtsvollen Moment mit ihrem Notizblock verbracht, angelehnt an den zarten Stamm des Magnolienbaums.

Ihre Hand strich sanft über das weiche Gras, sie stieß einen leisen Seufzer aus, als ihre Gedanken zum gestrigen Abend wanderten. Ihre Wangen röteten sich und eine Welle der Sehnsucht hinterließ ein Kribbeln in ihrem Bauch, als sie wieder diese Augen vor sich sah, diese Augen, die ihr so vertraut waren, in die sie gestern schauen durfte. Tiefer als zuvor, tiefer als je zuvor. „Julian“, flüsterte sie lächelnd und träumte sich zu dem gestrigen Tag ...

Es war ein furchtbarer Morgen, einer von diesen Tagen, an denen man meint, mit dem linken Fuß aufzustehen und am liebsten sofort wieder zurück ins Bett krabbeln möchte. Leonie fühlte bereits beim Aufwachen einen dumpfen Schmerz in ihrem Kopf, der sich von den Schläfen aus weiter über ihren Kopf bis in den Nacken ausbreitete und dumpf vor sich hin brummte. Dass dieser Tag mit so einem Beginn noch solch ein überraschendes Ende bereithalten würde, war ihr zu diesem Zeitpunkt jedoch nicht bewusst.

Müde quälte sie sich aus ihrem Bett, ihre Haut klebte und sie fühlte sich unsauber und verschwitzt. Sie hatte einen Alptraum, der eine Gänsehaut auf ihrem ganzen Körper und ein leicht mulmiges Gefühl in ihrer Magengrube hinterließ. Erst nach einer ausgiebigen Dusche und einer starken Tasse Kaffee kehrten die ersten Lebensgeister in ihr wieder zurück und Leonie ließ sich auf ihrem Bett nieder, mit einem dicken Wälzer über Kanada. Jens, ein Nachbarsjunge und ehemaliger Schulkamerad aus der Grundschule, hatte ihr den Floh ins Ohr gesetzt, sich für ein Jahr lang eine Auszeit in Kanada zu nehmen. Sie hatte sich den einen Abend bei ihm ausgeheult, als sie wegen Julian an einem absoluten Tiefpunkt angelangt war.

Sie schaffte es nicht, über ihren Schatten zu springen und ihm endlich reinen Wein einzuschenken. Im Gegenzug wusste sie nicht, ob Julian wirklich dasselbe für sie empfand, und um aus diesem Teufelskreis auszubrechen, wollte sie die Flucht nach vorne antreten. An diesem Morgen war sie fest entschlossen, heute ihrer heimlichen Liebe davon zu erzählen.

Eigentlich waren die beiden wie Geschwister. Sie konnten sich fast alles erzählen und miteinander rumalbern wie ausgelassene Kinder. Oft brauchte es nicht viel und Leonie wusste genau, was Julian dachte, was in ihm vorging. Sie konnte in ihm lesen wie in einem Buch, er war ihr in seinen Gedankengängen so nah. Sie schaute ihn an und wusste, was er meinte, auch wenn seine Worte anderes sagten, sie spürte Dinge, die dahinterlagen, Dinge, die viel subtiler waren als das Offensichtliche. Er konnte ihr nichts vormachen, vielleicht, weil sie selber vom gleichen Schlag war.

Nur das mit ihren Gefühlen füreinander, das wollte nicht klappen, im rechten Moment rannten sie beide voreinander weg, wie scheue Rehe. Leonies Herz konnte noch so laut schlagen – es war dicht hinter ihren dicken Mauern, so dass niemand etwas davon bemerkte. In ihren Träumen hingegen war alles so klar und licht, in ihren Träumen lösten sich alle Grenzen auf, die in der Realität zwischen ihnen standen. Doch wenn sie ihm dann gegenüberstand, dann war sie wieder das kleine Mädchen von nebenan, das ewig zehnjährige Mädchen mit dem scheuen Lächeln und einer Distanz, die sie selber verabscheute. Gefangen in ihren eigenen Gefühlen, konnte sie nicht raus aus ihrer Haut und so entschied sie sich zur Flucht, so entschied sie sich, ihm den Rücken zu kehren, in der Hoffnung, ihre Gefühle dabei auch zu Hause zu lassen und auf diese Weise über ihn hinwegzukommen. Oder zumindest eine neue Sichtweise aus der Ferne zu erlangen, die sie hier im Alltag und aus der Nähe heraus nicht erlangen konnte. Es war die Flucht eines weinenden und verzweifelten Herzens, doch Leonie war der festen Überzeugung, dass es klappen könnte.

Klingeln oder klopfen brauchte Leonie schon lange nicht mehr, sie besaß einen Schlüssel der Familie Nording. Doch ihr Anstand hat es ihr bis jetzt immer versagt, einfach nur aufzuschließen wie ein festes Familienmitglied, und so hatte sie es sich zur Gewohnheit gemacht, kurz zu klingeln und dann zu schließen. Sie wollte einfach nicht aufdringlich sein. Mit dem Wälzer unter dem Arm durchquerte sie die Stube, es roch köstlich nach frisch gebackenem Apfelkuchen. Leonie hielt kurz inne, es war ihr alles so vertraut. Ihre Hand strich über das glatte Geländer der Mahagoni-Treppe, die in die obere Etage zu Julians Zimmer führte. Leonie fühlte eine Vorfreude in sich und ein Gefühl, das sie noch nicht zuordnen konnte. Irgendwas war heute anders. Sie schaute sich um – aber hier war alles wie sonst auch. Kater „Tobi" lag zusammengerollt auf dem Sofapolster und schaute nicht mal auf, es war aufgeräumt und ordentlich. Julians Mama hatte einen kleinen Putzfimmel und man könnte meinen, sie wirbelte von früh bis spät durch das Haus. Nein, das war es nicht, was Leonie innehalten ließ. Irgendetwas in ihrem Inneren war anders. Das Knarren einer Tür und dem sich anschließende, schlurfende Schritte auf dem oberen Treppenabsatz ließ sie aufschrecken, der Wälzer landete dumpf auf dem Parkettboden. „Leonie ..." Julian klang ein wenig besorgt und auf halber Treppe standen sie voreinander. Ein Lächeln, dann ein Lachen und eine kurze Umarmung. „Was hast du da mitgebracht?", neugierig versuchte er, einen Blick auf das Etwas hinter ihrem

Rücken zu erhaschen, doch Leonie schob sich geschickt an ihm vorbei und hüpfte rasch die restlichen Stufen hinauf in sein Zimmer. Rücklings ließ sie sich auf sein Bett fallen. Ja, hier war sie zu Hause, dieser Mann war ihr nahe wie ein Bruder, den sie – als Einzelkind wie Julian auch – nie hatte. Und doch war das Gefühl auch wieder ganz anders als für einen Bruder, aber mindestens genauso vertraut. So vertraut, dass es sie manchmal selber erschrak.

Die fröhliche Miene ihres Gegenübers sollte sich schlagartig ändern, als Leonie das Buch öffnete. „Schau mal, meine neue Heimat." Mit ihrem Finger tippte sie stolz auf den Ausschnitt einer Landkarte und schob das Buch zu Julian, der sich nun mit zu ihr aufs Bett gesetzt hatte. Es dauerte ein paar Sekunden bis er begriff, wo der Fleck auf der Landkarte sein sollte. Die Fragezeichen in seinen Augen wurden immer größer, seine Augen wanderten von dem Buch zu Leonie und wieder zurück. Nach ein paar Sekunden der Stille platzte es aus ihr heraus. „Jens ... Er hat mich inspiriert ... Du weißt doch, seine Eltern sind vor ein paar Jahren nach Kanada ausgewandert und haben dort eine riesige Farm mit Tieren und Gemüsefeldern. Ich könnte bei ihnen ein Jahr lang arbeiten, ich könnte dort mein Englisch verbessern." Julian schaute zu Boden. Leonie geriet in einen Redeschwall und erzählte ohne Punkt und Komma, berichtete von den beruflichen, neuen Perspektiven, die sich hinterher für sie eröffnen könnten, und dass das sicherlich ihre Persönlichkeit formen würde, aus der letztendlich eine neue Leonie hervorginge. Sie redete wie mit ihrer besten Freundin, die den Vorschlag übrigens für eine prima Idee hielt. Doch bei Julian war das heute anders. Irgendwann wurde ihr das klar, irgendwann registrierte sie, dass er ihr nicht mehr folgte. Sie kannte diese Stimmung bei ihm noch nicht – kurz hielt sie inne und hatte ein Déjà-vu mit ihrer Vorahnung auf dem Treppenabsatz, als sie spürte, dass heute etwas anders sei als sonst. „Julian, freust du dich denn nicht für mich, warum bist du so komisch?“ Sie erhob sich vom Bett und kniete sich vor ihm hin, um in seine Augen schauen zu können. Ganz anders als sonst, reagierte er mit einer ablehnenden Haltung, die Leonie zutiefst fremd war. Julian war ein äußerst aufmerksamer und sensibler junger Mann, der sie noch nie angefahren hat, der sich ihr gegenüber noch nie verschlossen hat. Doch seine Augen waren heute irgendwie kalt. Leonie wich zurück und Julian fasste sich nervös über sein Gesicht.

Er ließ sie einfach zurück, er ging aus seinem Zimmer und ließ sie einfach zurück. So saß sie dort und merkte nach einer Weile, wie der dumpfe

Schmerz in ihren Schläfen langsam wieder zurückkehrte. *Wo ist er hin*, hämmerte es in ihrem Kopf. Sie hatte das Schließen der Eingangstür vernommen und war wie versteinert in seinem Zimmer sitzengeblieben. Sie wollte ihm nicht hinterherrennen oder ein Gefühl in ihr hielt sie zurück. So legte sie sich irgendwann ratlos und auch ein wenig erschöpft von dem ganzen Gedankenwirrwarr auf sein Bett, zog seine so vertraute Bettdecke an sich ran und merkte, wie Tränen über ihre Wangen rollten. Was war bloß geschehen, was hatte sie falsch gemacht. Sollte er tatsächlich traurig sein über ihren Entschluss, für ein Jahr die Heimat zu verlassen. Und sie war doch noch gar nicht weg, dies war doch erstmal nur eine Idee. In Leonies Kopf überschlugen sich die Gedanken und so schlief sie einfach ein auf seinem Bett, ohne es zu merken, wie Julian etwas später zurückkehrte.

Als Leonie die Augen öffnete, fühlte sie eine wohlige Wärme. Der Schmerz in ihrem Kopf war verschwunden und ihre Tränen getrocknet. Sie war mit traurigen Gedanken eingeschlafen und erwachte mit einem schönen Gefühl. Doch bevor sie weiterdenken konnte, bemerkte sie, dass Julian hinter ihr auf dem Bett lag, nur ganz leicht, doch er lag in ihrer Nähe und seine rechte Hand ruhte auf ihrer Taille. Schauer der Erregung schossen durch ihren Körper und sie wagte es nicht, sich auch nur einen Millimeter zu bewegen. Zu schön war dieses Gefühl, zu kostbar dieser Moment der zärtlichen Nähe, nach der sich Leonie schon so viele Jahre gesehnt hat. Am liebsten wäre sie noch näher an ihn ran gerückt, hätte sich ihm hingegeben, doch sie wagte es kaum, tiefer zu atmen. So lächelte sie heimlich vor sich hin und schloss einfach wieder die Augen, ihr Herz pochte ihr dabei bis zum Hals. Erst ihre volle Blase zwang sie dazu, doch irgendwann aufzustehen und so löste sie sich vorsichtig aus seiner zarten Umarmung. Er schlief und Leonie deckte ihn leicht zu, verließ das Zimmer und anschließend das Haus.

Zum zweiten Mal nahm Leonie heute eine Dusche. Es war mittlerweile Abend, ein heißer und schwüler Sommerabend im Juni und sie sehnte sich nach diesem Moment mit Julian nach einer Erfrischung. Sie wollte sich schick machen, sie wollte sich gut fühlen in ihrer Haut. Zufrieden und noch ganz ausgefüllt von diesem Gefühl seiner Nähe, cremte sie ihren Körper mit einer zart duftenden Creme ein. Gerade als sie in ihr nachtblaues Sommerkleid schlüpfte, klopfte es an der Tür. Mit noch nassem Haar öffnete sie und erschrak ein wenig, als sie in das Gesicht von Julian schaute. „Was ist mit dir passiert?" Unter seinem linken Auge glänzte ihr ein lila Veilchen entgegen. „Ach, das ist nichts“, überging es Julian und schob sich an Leonie vorbei in das Haus, in dem er mindestens so oft ein- und ausgegangen ist wie Leonie in dem Haus seiner Eltern. Wie Geschwister und doch eben nicht wie Geschwister. Leonie schaute ihm hinterher, ließ aber nicht locker. „Sag bloß ...“, so langsam dämmerte es ihr. Sie hatte das Veilchen vorhin nicht bemerken können, weil er im Bett auf der linken Wange lag. Sie wusste genau, er muss bei Jens gewesen sein. Obwohl dieses Verhalten nicht zu ihm passte, aber sie wusste es auf einmal so genau und durchschaute den ausweichenden Blick von ihm. „Warum?“ Leonie wurde ernst und war in diesem Moment selber erstaunt über ihre resolute Reaktion. Julian wollte ihr ausweichen, nicht darüber reden, doch es gab nun kein Zurück mehr, sie wollte wissen warum. Sie hielt ihn leicht an seinem Unterarm und schaute ihn fordernd an. In seine hellblauen Augen, die sie so sehr liebte, die ihr so urvertraut waren. Sie wollte nicht so hart reagieren, doch auf einmal wollte sie nicht mehr das scheue Mädchen sein, das immer nur wegrannte, das immer nur schluckte und wegguckte, das immer nur zuhörte und mit sich selber alle Wahrheit ausmachte. Nein, sie konnte ihn jetzt nicht gehen lassen, ohne die Wahrheit zu hören. So stand er vor ihr und sein Blick wanderte nervös in alle Richtungen. Immer wenn er kurz ihre Augen streifte, fühlte sie einen Schauer durch ihren

Körper fahren.

Es war, als hörte er ihre lauten Gedanken. Sein Blick war so tief an jenem Tag, seine hellblauen Augen schauten in ihre und schienen ihr irgendetwas zu sagen. So standen sie einen langen Moment voreinander. Dann zog er sie mit einer zarten Geste zu sich ran. Fest zu sich ran. Sie fühlte ihn. Sie fühlte ihn an sich, sie fühlte ihn in sich, in ihrem Herzen. Er war da, er war das erste Mal so richtig da. Sie schloss fest die Augen, Herz an Herz, Brust an Brust, Hals an Hals, es pulsierte heiß in ihr und sie wusste, dieser Moment würde für die Ewigkeit währen. Niemand könnte ihr diese Erinnerung aus ihrem Herzen reißen. Niemand. Niemals.

Kapitel 2: Ein Tag am See

Irgendwas öffnete an jenem Tag die Tür, irgendwas war anders nach jenem Tag. Sie sah es in seinen Augen, in seinem Blick, sie vernahm es an seiner Art wie er sich ihr gegenüber verhielt. Er war nicht mehr nur der kleine Bruder von nebenan – dennoch war es eine solch vertraute Art von Liebe, die Leonie für ihn empfand, die sie sich einfach nicht erklären konnte. Sie wollte diesen Mann beschützen, solange sie ihn schon kannte. Sie empfand so etwas wie eine Verantwortung für ihn, ob es ihr nun bewusst war oder auch nicht. Das Herz hat seine Gründe, ein Herz hat immer seine Gründe.

„Komm, wir fahren zu unserem Lieblingssee“, schlug er an einem heißen, sonnigen Nachmittag im Juli vor. Mit genug Proviant und einer großen Picknickdecke im Gepäck, startete Julian den Motor seines blauen Kompaktwagens. Der See, der eingebettet in einem wunderschönen Buchenwald lag, war ein Treffpunkt für Groß und Klein und ein beliebtes Ausflugsziel für Familien. Man konnte sich dort Tret- und Holzruderboote ausleihen und in der Mitte des Sees gab es eine kleine, naturbelassene Insel, auf der Wildvögel brüteten. Der Strandabschnitt am Ufer war feinsandig und auf der großen Wiese konnte man zwischen bunten Wildblumen picknicken. Am Tage waren dort Kind und Kegel unterwegs, doch am Abend verwandelte sich das Szenario in ein ruhiges, stilles Plätzchen, an dem man noch ein Stück unberührte Natur erleben konnte. Zu später Stunde traf man hier meist nur noch ein paar Angler an, die die Ruhe nutzten, um ein paar Fische an Land zu ziehen. Leonie hatte schon oft mit Julian zusammen oder mit ihren Freundinnen Radtouren zu diesem See unternommen, heute fuhr sie die Strecke das erste Mal mit dem Auto. Julian steuerte den Wagen über die hügelige und kurvige Landschaft, vorbei an saftigen, grünen Wiesen, hinweg durch Alleen voller prächtiger Buchen, die zu dieser sonnigen Tageszeit ein zauberhaftes Wechselspiel aus Licht und Schatten entstehen ließen. Für einen Moment schloss sie die Augen und summte leise zu einem Lied im Radio. Sie fühlte sich glücklich und befreit. Als hätte sich ein fester Knoten in ihr gelöst, als wäre die Barriere zwischen ihnen, errichtet aus Angst und Scheu, langsam am Einstürzen. Auch wenn sie es beide noch nicht mit Worten aussprachen, diese zarte Art der Annäherung gab Leonie das feste Gefühl, auf dem richtigen Wege zu sein. Wie sagte Julian früher einmal zu ihr, w*as lange währt, wird endlich gut,* sie glaubte nun zu wissen, was er damit meinte.

Sie suchten sich einen Platz am Rande der Wiese, dort, wo der Buchenhain anfing und die Wildblumenwiese aufhörte, dort, wo die breite Menschenmasse nicht bereit war, hinter zu laufen und schon im vorderen Drittel ihre Decken aufschlug. Ein leichter, erfrischender Wind zog vom See herüber und Leonie band ihre langen, dunkelblonden Haare zu einem lockeren Pferdeschwanz. Julian lag, mit nacktem Oberkörper, aufgestützt auf seinem angewinkelten Arm auf der Decke und schaute Richtung Wasser. Er war wieder so entspannt und locker wie sie ihn kannte, wie sie ihn seit ihrer Kindheit kannte. Er war ihr Fels in der Brandung, ihr Anker auf offenem Meer. Wann immer sie die Welt dunkel und schwarz empfand, hatte er einen aufmunternden Spruch auf seinen Lippen und gab ihr ein Stück Leichtigkeit wieder. Sein Optimismus tat ihr gut, er war wie sie im Grunde des Herzens ein Lebenskünstler, ein Träumer, ein Denker. Sie waren sich so ähnlich und Leonie hatte schon immer gespürt, dass diese Verbindung zwischen ihnen anders war als bei allen anderen Menschen, mit denen sie in Kontakt stand. Es fühlte sich einfach anders an, als wäre es nicht aus diesem Leben, nicht von dieser Welt. Wie ein unsichtbares Band, das die beiden verband, das sie immer wieder zueinander trieb, das sie niemals lange voneinander trennte. Auch in den Momenten seiner physischen Abwesenheit blieb er immer ein

Teil von ihr und war nie fern. Als sie da beide so auf den See schauten, im Halbschatten großer Buchen, wurde ihr bewusst, dass sie ein kleiner Teil von einem großen Ganzen waren. Dass das alles Schicksal sein musste. Dass sie so furchtbar dankbar war für jene Erfahrungen, die sie machen durfte. Auch die traurigsten Momente bekamen auf einmal ihren Sinn und ihre Berechtigung. Von der Seite betrachtete sie Julian und immer wieder zog es sie zu seinen Augen, von denen sie einfach nicht lassen konnte. Irgendwas schlummerte da in seinem Blick, irgendwas sah sie in seinen Augen, die mal mehr und mal weniger tief in ihre schauten. *Warum muss ich eigentlich über alles immer so lange nachdenken*, Leonie fokussierte ihren Blick wieder Richtung See, an dessen feinsandigem Ufer Kinder tobten und genoss einfach nur die Anwesenheit von Julian.

Die ersten Familien waren in Aufbruchsstimmung, schüttelten ihre Decken aus, sammelten Buddeleimer und Schippen der Kinder ein und schnürten sich ihre Schuhe. Leonie und Julian hatten den Nachmittag über eigentlich gar nicht viel miteinander geredet, es lag eine seltsame Stimmung in der Luft und Leonie spürte, dass ihm etwas auf dem Herzen lag. Zu gut kannte sie diesen Moment, wenn er nach Worten suchte, für die er noch keine hatte. Die Sonne wanderte tiefer und tiefer, doch es war noch taghell an diesem schönen Sommertag. Julian stand auf und reichte Leonie seine Hand, zog sie hoch zu sich. Für einen Moment stand sie so dicht vor ihm, dass sie sich mit einem Mal danach sehnte, seine Lippen auf ihren zu fühlen. Doch ihr scheuer Blick wanderte schnell zur Seite, wich ihm aus und so packten sie beide wortlos ihre Sachen zusammen.

Auf dem schmalen Feldweg zurück zum Parkplatz schaute sie sich zu allen Seiten um, es war keine Menschenseele zu sehen, sie waren allein. „Ich mag noch nicht gehen“, flüsterte Leonie fast geräuschlos und Julians Blick verriet ihr, dass er ihre Worte verstanden hatte. Den Rucksack ließ er in den staubigen Boden gleiten, sanft schob er sie ein Stück an den Rand, wo sich Leonie an den glatten Stamm einer Buche anlehnen konnte. Leonie ließ sich führen, sie liebte es, wenn er ihr zeigte, was in ihm vorging, wenn er Gefühle zeigte. Seine Augen glänzten und es kribbelte in ihrem Bauch, als sie seinen schnellen Atem bemerkte. Wie sie in seinen hellblauen Augen versinken konnte, sie wollte noch länger diesen Blick in sich spüren. Seine hungrigen Augen, dieses Feuer, was sie in ihm sah, diese Funken, die sie empfing. Mitten in ihren sehnsuchtsvollen Gedanken kam er ihr näher und näher und eine Welle der Lust verdrängte jegliche Scheu in ihr, als seine Wange ihre streifte und seine Lippen wie automatisch ihre fanden. Erst ganz zart und vorsichtig, langsam und bedacht. Dann konnte er seine Erregung nicht mehr verbergen und sein Kuss wurde fordernder und inniger. Leonie stöhnte leise auf und öffnete leicht ihren Mund, gab sich endlich hin und schloss tief ihre Augen. Sie wollte nur noch fühlen, seine Haut, seinen vertrauten Geruch, sein Wollen und Verlangen, nach dem sie sich so lange und schmerzlich gesehnt hatte. Ihre Hingabe war seine Hingabe, noch nie war sie einem Mann so nah. Verschwitzt, aber glücklich, lösten sie sich Minuten später aus ihrer innigen Umarmung und liefen wortlos zum Parkplatz.

„Sorry, ich muss erstmal duschen“, er zwinkerte ihr kurz zu mit seinem charmanten Lächeln und Leonie sah ihm hinterher, wie er in das Nachbarhaus verschwand. Noch immer mit einem Strahlen im Gesicht, das nicht mehr aufhören wollte, schloss sie die Eingangstür auf, rief ihren Eltern nur ein kurzes „Bin zurück“ zu und erfrischte sich dann auch erstmal in der oberen Etage im Badezimmer. Auf ihrem Bett, in wohlig, legere Shorts und ihrem gelben Lieblings-T-Shirt gehüllt, ließ sie ihren Gedanken freien Lauf. Es wollte einfach nicht vergehen, dieses Gefühl in ihr. Die Sehnsucht nach mehr wurde nun immer lauter und fordernder, ihre Träume wollten gelebt werden, wollten das erste Mal im Leben richtig gefühlt und gelebt werden.

„Leonie, darf ich reinkommen“, die Stimme ihrer Mama riss sie jäh aus ihrer Gedankenwelt. Schnell ließ sie die ausgebreiten Fotos von Julian unter ihrer Bettdecke verschwinden. „Dich sieht man in letzter Zeit ja gar nicht mehr“, mit ein paar zackigen Handgriffen zog sie die himmelblaue Gardine zur Seite und die letzten Sonnenstrahlen des mittlerweile vorangeschrittenen abends zauberten ein paar schöne Muster auf den kastanienfarbenen Laminatboden. „Wir haben Abendbrot vorbereitet und wollen auf der Terrasse essen, kommst du runter?“ Nun wendete sie ihre Augen vom Fenster ab und schaute das erste Mal in die Augen ihrer Tochter. „Du bist ja ganz rot im Gesicht, warst heute etwas lange in der Sonne, oder?“ Sarah Schneider setzte sich auf den äußeren Rand des Bettes. „Du magst ihn sehr, diesen Julian, oder?“ Nach ein paar Sekunden der Stille schaute Leonie hoch und ein Lächeln breitete sich auf ihren Lippen aus. *Woher wissen Mütter nur immer, wie Töchter sich fühlen*, dachte sie sich, bevor sie auf ihre Frage weiter einging. „Ja, er ist doch wie mein kleiner Bruder oder so.“ Und das war wahrlich noch milde ausgedrückt, doch Leonie wollte einfach noch nichts preisgeben, sie konnte ja selber noch kaum realisieren, was sich in der letzten Zeit ereignet hatte.

Leonie wollte dieses Gespräch mit ihrer Mama jetzt bloß nicht vertiefen und lenkte die Aufmerksamkeit rasch wieder auf das Abendbrot und versprach, in ein paar Minuten nachzukommen. Bei einem Blick auf die große Wanduhr über ihrer Zimmertür bemerkte sie, dass es schon ganz schön spät war und Julian nach dem Ausflug noch immer kein Lebenszeichen von sich gegeben hat. Ihr Smartphone war auf laut gestellt, doch es schwieg eisern vor sich hin. *Und überhaupt könnte er ja auch einfach mal rüberkommen*, ein wenig unruhig und angesäuert lief sie in ihrem Zimmer auf und ab, spähte vorsichtig aus dem Fenster, von dem aus sie einen kleinen Spalt von seinem Zimmer erhaschen konnte. Aber viel konnte sie nicht erkennen, er hatte die gleiche Idee gehabt wie sie, bis ihre Mama die Gardine weit aufgeschoben hatte. Bevor sich negative Zweifel in ihr manifestieren konnten, warum er sich denn nicht meldete, ob ihm der Kuss vielleicht doch nicht so gefallen hatte, entschied sie sich schnell dazu, nach unten zu gehen und erstmal eine Kleinigkeit zu essen. Großen Appetit verspürte sie heute aber nicht, tobten die Schmetterlinge zu wild in ihrem Bauch, war da zuviel Julian in ihrem nach Liebe hungernden Bauch.

Der Tisch war üppig eingedeckt mit Brötchen, Vollkornbrot, hartgekochten Eiern, einer bunten

Wurstplatte, Räucherlachs, Frischkäse, Tomaten, Gurkenhäppchen sowie einer Kanne schwarzen Tee mit Kandis. Gerade, als sich Leonie ein Brötchen mit Kräuterquark schmierte, klingelte es an der Haustür. Leonie sprang auf, verlangsamte aber abrupt wieder das Tempo, als sie den Blick ihrer Mama auf sich spürte. Ihr inneres Lächeln wich einem offensichtlichen Augenrollen begleitet von einem Flunsch, als sie in die Augen von Jens schaute. Auf lange Diskussionen über ihren Schwarm von nebenan – wie Jens es immer so schön betonte – hatte sie nun wahrlich keine Lust. Er spürte wohl, dass es Leonie gerade nicht passte und fragte nur kurz und knapp, was denn nun mit Kanada sei, und ob er seinen Bildband wiederhaben könnte. Leonie holte das Buch aus ihrem Zimmer und meinte, dass ihr Plan erstmal aufs Eis gelegt wurde. Mit einem leisen „Tut mir leid wegen der Sache mit Julian“, schloss sie die Haustür, ohne ihm überhaupt Zeit für eine Antwort zu geben und setzte sich wieder zu ihren Eltern an den Abendbrottisch. Mit einer Tasse schwarzen Tee quälte sie sich das Brötchen hinunter, sie hatte das Gefühl, es wurde immer mehr in ihrem Mund. Ihr Bauch schien wie zugeschnürt und mittlerweile wurde sie nervös und fragte sich, warum Julian einfach nicht rüberkam. Sie hatten den Abend doch noch gar nicht beendet, er wollte doch nur duschen. Ein Gedankencocktail aus Angst und

Selbstzweifeln vermieste ihr das schöne Gefühl des soeben Erlebten.

Kapitel 3: Dieser Traum ...

Es war fast Mitternacht und immer noch keine Nachricht von Julian. Leonie quälte sich in den Schlaf, ein Foto von ihm neben ihr auf dem Kopfkissen, neben zig zerknüllten Taschentüchern. Immer wieder gelangte sie an den Punkt, an dem ihr die soeben geglaubte Sicherheit genommen wurde, immer wieder schaffte er es, dass sie sich schmerzlich nach ihm sehnte. Auch wenn sich Leonie sicher war, er machte dies nicht mit Absicht, aber es fühlte sich an wie Ebbe und Flut oder wie Zuckerbrot und Peitsche. Doch es war ihr eigener Stolz, der ihr im Wege stand, von sich aus einen Schritt auf ihn zuzugehen – irgendwas in ihr scheute sich davor, den ersten Schritt zu tun. Und so zog sie es vor, in Zweifeln und Ängsten zu verweilen, so zog sie es vor, sich immer und immer wieder in ihre innere Welt zu verschanzen und den Träumereien Vorfahrt zu gewähren. Sie drückte Teddy „Knautschebacke“ fest an ihr Herz und irgendwann holte sie die Müdigkeit dann doch noch ein.

Es war kurz nach halb eins, als sie schweißgebadet erwachte und durch ein beklemmendes Gefühl nach Luft schnappte. Mit einer mechanischen Handbewegung knipste sie ihre Nachttischlampe ein. Sie wollte schreien, doch sie konnte nicht und nach ein paar Minuten beruhigte sich endlich ihr Puls und ihr wild pochendes Herz. Es war wieder dieser Traum ... Es war dieser Traum, den sie schon so oft hatte, der sie seit ein paar Jahren immer wieder hartnäckig verfolgte. Es war diese Art von Traum, in dem sie sich selber von weit oben beobachtet, wie sie durch einen tiefen, dunklen Wald rennt. Eine Frau, die durch den Wald irrt, verzweifelt ist und den Ausgang einfach nicht mehr findet. Diesmal war der Traum nicht nur beklemmend, nein, diesmal war er noch viel dunkler als sonst. Und es gab nicht mal einen Grund, warum er diesmal anders war, es war nur so ein Gefühl. Und das machte ihr Angst. Das machte ihr solche Angst, dass Leonie das Gefühl hatte, sie müsste jetzt endlich über ihren Schatten springen. Sie wollte dem Alptraum ein für alle Mal ein Ende bereiten, sie wollte raus aus diesem dunklen Wald, in dem sie sich wie eine Blinde fühlte, die nicht imstande war zu sehen, die einfach nicht den richtigen Weg fand.

Vorsichtig lugte sie zu dem Zimmer von Julian und zu ihrer Erleichterung brannte bei ihm sogar noch ein wenig Licht. *Ob er an mich denkt?* Leonie tapste auf nackten Zehenspitzen ins Badezimmer, das direkt neben ihrem Zimmer lag und versuchte, ganz leise zu sein, ohne ihre Eltern dabei aufzuwecken, die eine Etage höher, in dem ausgebauten Dachboden, ihr Schlafzimmer hatten. Sie nahm eine kurze, lauwarme Dusche, um sich nach diesem aufwühlenden Traum ein wenig zu erfrischen und schlüpfte dann in Jeansshorts und Shirt. Ohne lange zu überlegen ging sie aus dem Haus und wurde empfangen von einer sternenübersäten, klaren Sommernacht, die sie kurz innehalten ließ. Die milde, blütendurchtränkte Luft und der heiße Wind einer tropischen Nacht, die Gedanken an Julians weiche Lippen und sein Verlangen, all das schürte ihre Sehnsucht und so ging sie einfach zu ihm, so schloss sie heute einfach auf, ohne zu klingeln. Im Flur, noch am Absatz der Treppe, rief sie seinen Namen – sie wusste, dass seine Eltern derzeit verreist waren und er das Haus ganz für sich hatte. Sonst hätte Leonie so etwas niemals gemacht.

Erneut rief sie seinen Namen – diesmal ein wenig lauter – und endlich tat sich was im Obergeschoss, das vertraute, leise Knarren der Zimmertür und das anschließende Schlurfen seiner Hausschuhe auf dem Parkettboden. „Leonie, bist du verrückt?“ *Welch nette Begrüßung*, dachte sie sich und mit ihren nackten Füßen kam sie ihm Schritt für Schritt auf der Treppe entgegen. Noch ganz überrumpelt über ihr Erscheinen mitten in der Nacht, nahm er sie oben in seine Arme, drückte sie fest an sich ran. Mit ihrer flachen Hand berührte sie sanft seine Brust und schaute hoch zu ihm, Tränenflüssigkeit sammelte sich in ihren Augen. Sie wollte nicht weinen. Aber es brach alles aus ihr raus, sie konnte ihre Angst, ihre Gefühle nicht mehr zurückhalten.

Julian begriff nicht, was passiert war in dieser kurzen Zeit, für ihn war die Welt noch so heil, wie er sie am frühen Abend mit Leonie verlassen hatte. Sie setzte sich auf sein Bett, mit dem Rücken angelehnt an die Wand, Julian brachte ihr aus der Küche im Untergeschoss ein Glas Orangensaft und dämmte ein wenig das Deckenlicht. Das erste Mal in ihrem Leben erzählte sie ihm von ihrem Traum, von diesem düsteren Traum. Als sie fertig war und sich die Nase geschnaubt hatte, ging sie zum Fenster, holte tief Luft und drehte sich dann wieder Julian zu. Mit ihrem letzten Mut, den sie in irgendeiner Ecke ihres Herzens noch finden konnte, kniete sie sich zu ihm und suchte seine Augen, seine so vertrauten Augen. „Julian, wenn ich irgendwann mal nicht mehr den Ausgang finde – dann möchte ich dir etwas geben.“ Aus ihrer schwarzen Umhängetasche zog sie einen Umschlag. Auf den ersten Blick war es ein ganz gewöhnlicher weißer DIN A4-Briefumschlag. Leonie presste ihn an ihren Bauch, als ob es sich um Schatz handelte. „Hier ist alles drin, was ich bin. Hier ist alles drin, was mein Inneres widerspiegelt.

Es ist für dich, falls ich irgendwann vielleicht dazu nicht mehr die Gelegenheit habe.“ Leonie verstaute den Umschlag wieder in den Urtiefen ihrer Tasche und fügte hinzu, „du findest ihn in meiner Nachttischschublade. Es ist wichtig, ich will einfach nur, dass du weißt, wo du den Umschlag findest.“ Julian starrte Leonie an, er war nun ein wenig blass um die Ohren. Er verstand nicht so recht den Ernst in ihren Worten und warum sie den Ausgang nicht finden sollte, dies war doch nur so ein dusseliger Alptraum, wahrscheinlich unverarbeitete Ängste. Aber irgendwie verstand er, irgendwie verstand er seine Leonie und nach diesen Worten wollte er sie auch nicht mehr gehen lassen. Nicht heute. Und überhaupt nicht mehr. Er zog sie zu sich ran, er fühlte ihren warmen Körper und seine Hand schob sich langsam unter ihr Shirt und berührte ihren nackten Bauch. Seine Berührungen fühlten sich für Leonie an wie kleine, elektrische Stromschläge, die durch ihren ganzen Körper pulsierten. Als er ihren vor Erregung schnell atmenden Bauch spürte, konnte er sein Verlangen nicht mehr halten und Leonie gab sich ihm hin.

Sie waren die Nacht zusammen, sie waren die ganze Nacht zusammen und Leonie wusste tief in ihrem Herzen, dass sie ihm niemals mehr näher sein konnte als in dieser Nacht, und dass diese Nacht ganz sicher einen Wendepunkt in ihrem

Leben markierte, an dem ein langes Kapitel endet und ein neues beginnt. Sie zitterte am ganzen Körper, obwohl ihr heiß war, sie weinte schon wieder, obwohl sie in diesem Moment mehr als glücklich war. Julian strich beruhigend über ihren nackten Körper, bedeckte ihre Schultern mit Küssen und seine Anwesenheit und Geborgenheit ließ sie am frühen Morgen, als die Vögel bereits ein wahres Pfeifkonzert veranstalteten, in einen wohligen, tiefen Schlaf fallen.

Kapitel 4: Schicksal

Liebe Leonie,

wir kennen uns beide fast ein ganzes Leben lang. Du hast die Welt schon ein Jahr länger als ich erleben dürfen – ich durfte immer so etwas wie ein kleiner Bruder für dich sein. Du hast mich an die Hand genommen und mir deine bunte Welt gezeigt, in den Farben, die so vielfältig sind wie dein zauberhaftes Wesen und deine Aura, die dich einfach zu einem einmaligen Menschen machen. Keine Worte dieser Welt können dieses Gefühl beschreiben, das ich in mir, in meinem Herzen fühle. Und ich möchte auch, dass du es einfach nur spürst und dich immer wieder diesem Gefühl hingibst. Ich bin dein Hafen, wenn du dich mal wieder verläufst und dein zu Hause suchst. Ich bin deine Heimat. Und werde es immer für dich sein. Ich liebe Dich.

Dein Julian.

Er faltete das weiße Blatt zweimal und steckte es behutsam in einen cremefarbenen Briefumschlag. Seine Hände zitterten leicht, als er den Briefumschlag zuklebte und es kein Zurück mehr gab für sein Versprechen, für seine Worte, die er heute Leonie mitteilen wollte. Er wusste, es war soweit, er wollte nicht länger warten. Sie war die Frau, die er liebte, von ganzer Seele, sie war die einzige Frau, die er je geliebt hat. Sie berührte sein Herz auf eine Weise, wie es kein anderer schaffte, sie holte ihn auf den Boden und katapultierte ihn in die höchsten Höhen. Letzteres vielleicht ein wenig öfter.

Er saß an seinem dunklen Holzschreibtisch, der direkt unter seinem Fenster platziert war. Wenn er aus dem Fenster schaute, konnte er den Garten überblicken und genau an diesem Ort, wo er praktisch seine ganze Kindheit und Jugend verbringen durfte, sah er sie immer bildlich, ja beinahe lebendig, vor sich. Wie mit einer Schwester hat er mit ihr rumgealbert, mit ihr Süßigkeiten und Kuchen geteilt, ist durch den Rasensprenger gesprungen und hat sie durch den Garten gescheucht. Hier hat er mit ihr gelacht, mit ihr geweint, wegen ihr gelacht und auch wegen ihr geweint. Gedankenversunken, den Kopf auf seine linke Hand aufgestützt, lächelte er vor sich hin. Vor seinem inneren Auge sah er in letzter Zeit immer wieder einen Ausschnitt, einen lebendigen Traum. Er sah sich und Leonie vor einer Kathedrale, einer hohen Kathedrale aus Sandstein, im gotischen Stil erbaut. Weiße Tauben flogen gen Himmel, dann stand er ihr direkt gegenüber und sie trug ein himmlisch schönes, weißes Kleid und einen Schleier, er war klassisch in schwarz gekleidet. Er schaute tief in ihre Augen und liebte so sehr dieses Lächeln, das in seinem Herzen einfach nicht mehr vergehen wollte.

Julian nahm den Briefumschlag, drückte ihn kurz an seine Lippen und ging dann rüber zum Haus der Familie Schneider. Er wusste, dass Sarah, die Mutter von Leonie, zu Hause war, er hat sie beim Blick aus dem Fenster im Nachbargarten gesehen, wie sie die nach Wasser dürstenden Pflanzen und Blumen bewässert hat. „Hey Julian, hast du heute frei?“ Sarah stand in verwaschenen Jeansshorts und einem lässigen, weißen T-Shirt vor ihm, das von der Gartenarbeit bereits ein wenig schmuddelig aussah, und streifte sich ihre Hände an den Shorts ab. „Ja, habe heute einen Urlaubstag und wollte fragen, ob ich schnell etwas in Leonies Zimmer legen dürfte, eine kleine Überraschung.“ Verschmitzt lächelte er ihr entgegen, sie verstanden sich gut, die beiden. „Na klar, du kennst dich ja aus.“ Mit einer offenen Handbewegung ließ sie ihn eintreten und winkte ihm noch kurz zu, dann war sie auch schon wieder im Garten verschwunden, um ihre Arbeit fortzusetzen. „Leonie kommt doch heute zu 15 Uhr nach Hause, oder?“, vergewisserte er sich noch kurz, bevor er dann die Treppe nach oben in ihr Zimmer nahm.

Der ganze Raum war komplett von Sonnenlicht durchtränkt, die Gardine hatte sie heute aufgelassen. Ihre rosafarbene Bettdecke war halb geöffnet und auf ihrem Kopfkissen lag ein kleiner, zotteliger Teddybär. Beim näheren Betrachten huschte ein Lächeln über Julians Lippen. Es war der Teddy, den er Leonie in Kindertagen einmal geschenkt hat. Er sollte sie beschützen in einem Sommer, in dem es sehr oft gewittert hat, da sie als Kind solch furchtbare Angst vor Gewitter hatte. Seine sonst so mutige Leonie, dachte er sich, legte dann den Briefumschlag auf ihr Kopfkissen, angelehnt an den Teddybären, wo er vermutete, dass Leonie ihn auf jeden Fall entdecken musste. Auf dem Briefumschlag klebte ein neonfarbener Notizzettel mit der Aufschrift: *Bitte komme zum Ententeich am großen See, ich warte dort auf dich. Überraschung! PS: Den Briefumschlag darfst du erst in meinen Armen öffnen!*

Mit einem Seufzer der Erleichterung und einer großen Portion Vorfreude und Aufregung hüpfte er die Treppen hinunter und verabschiedete sich von Sarah, die sich nun gerade am Kräuterbeet neben der Terrasse zu schaffen machte, zwischen Petersilie, Rosmarin, Liebstöckel und Basilikum.

Er nahm eine ausgiebige Dusche, auch wenn er befürchtete, dass keine Erfrischung heute der starken Sonne an diesem heißen Julitag standhalten könnte. Noch ein wenig Gel in die Haare und dann schlüpfte er zufrieden in legere, cremefarbene Shorts und ein weißes T-Shirt. Begleitet von lauter Musik steuerte er seinen Wagen Richtung See, auf den Straßen herrschte bereits dieser typische Freitagsverkehr. Menschen, die von der Arbeit kamen, Menschen, die ihre Pause an den Eisdielen und kleinen Bistrots verbrachten, Ausflügler, die sich auf ihren Fahrrädern durch die vollen Straßen schoben und Hunde, die in der Mittagsglut vor sich hin hechelten. Julian versuchte, sich abzulenken von seiner Aufregung, die ihm ein paar Schweißperlen auf seine Stirn trieb. Wie in Trance fuhr er diesen Weg, den er mittlerweile schon im Schlaf fahren konnte. Sein Kopf war voll von Leonie und sein Herz pochte ihm bis zum Hals. Auch wenn er ein wenig früh dran war, er wollte einfach nicht riskieren, dass sie vor ihm da sein könnte und ihn suchen müsste. Nein, diesmal wollte er, dass alles perfekt war und nichts sollte dem Zufall überlassen werden.

Die Sonne, zu dieser Uhrzeit an ihrem höchsten Punkt, brannte auf seinem Kopf, als er aus dem Auto stieg und den staubigen Boden betrat. Die Erde verriet, dass es Tage und Nächte lang nicht geregnet haben muss. Mit ausgestreckten Händen streifte er die hüfthohen Gräser am Rande des schmalen Feldweges, der zu dem Platz führte, an dem er Leonie heute treffen wollte. Hier an der kleinen, weißen Holzbrücke und dem verträumten Ententeich mit dem grünen Wasser, umgeben von tiefhängenden üppigen Weiden, wollte er um ihre Hand anhalten, hier wollte er ihr zeigen, wie viel sie ihm bedeutete. Da dieser Platz ein wenig versteckt war und etwas tiefer im Buchenhain lag, verirrten sich nur sehr wenige Leute hierher. Die breite Masse lief ohne Umschweife direkt zum großen See hinter – so war es auch bei ihm, bis er mit Leonie zusammen eines Tages aus Versehen diesen Weg nahm, als sie so vertieft waren in einer Unterhaltung, dass sie beide nicht mehr auf die Richtung achteten. Sie staunten nicht schlecht, als sie an diesen verträumten, wildromantischen Platz gelangten und Julian hatte seitdem immer wieder diese Idee vor Augen gehabt, ihr genau an diesem Platz sein Versprechen zu geben. Das Wechselspiel aus Licht und Schatten war hier zwischen den lichten Buchen ganz besonders intensiv und der grüne Ententeich voller blühender Seerosen. Die Weiden hingen tief herunter und gaben ein etwas melancholisches Bild ab, doch irgendwie passte dies zu seiner Stimmung, ein Mischmasch aus Freude, Angst, Hoffnung und Sorge. Die Luft war drückend heiß, doch im Schatten der hohen Bäume ließ es sich aushalten und so setzte sich Julian auf den warmen Holzboden der kleinen

Brücke. Angelehnt an die Holzstreben verriet ihm seine Armbanduhr, dass er noch genug Zeit hätte, bevor Leonie eintreffen würde. Sicher wollte sie sich nach Arbeit auch erstmal erfrischen und sich in Ruhe fertigmachen, bevor sie die halbe Stunde zum See hinter fahren würde, dachte er sich. Er hoffte inständig, sie würde ihm das nicht krummnehmen, heute noch nach Arbeit mit dem Auto fahren zu müssen, er wusste, ihr Kleinwagen hatte Ledersitze und keine Klimaanlage – nicht gerade angenehm an einem schwülheißen Julitag wie diesem. Doch schnell schob er seine Bedenken beiseite, er hatte eine Überraschung vorbereitet und wusste nur zu gut, wie sehr Leonie Überraschungen liebte.

Mit geschlossenen Augen träumte er sich zu einer Begebenheit aus seiner Kindheit, die ihm immer noch so bildlich vor Augen erscheint, als wäre es erst gestern gewesen. Er war acht Jahre alt und Leonie neun und eine Schulklasse über ihm. Da gab es so eine kleine Gruppe von Jungs aus der Sechsten, die immer wieder andere Kinder anpöbelten und jedes Kind, was normal tickte, ging dieser Gruppe aus dem Wege. Eines Tages war Julian nach Schulschluss mit seinem neuen, blauen Fahrrad unterwegs – und gerade, als er den Schulhof verlassen wollte, traf er auf diese Gruppe, die ihm den Weg nach vorne versperrten. Mit ihrem dreckigen Lachen zwangen sie ihn dazu, abzusteigen, damit ein Junge mal auf seinem neuen Rad fahren könne. Julian hielt beharrlich den Lenker fest und dachte nicht daran, ihm sein neues Fahrrad zu überlassen, da schubste ihn der stämmige, korpulente Junge zu Boden, das Rad kippte um. Es war Leonie, die diese Szene von weiter weg mitanschauen musste, die sich von ihren Freundinnen abwand und einfach mitten in die Gruppe reinlief, obwohl sie immer Angst vor diesen Kerlen hatte. Ohne zu zögern, schubste sie den Jungen beherzt beiseite, der Julians Fahrrad mittlerweile aufgehoben hatte – und obwohl sie eine kleine, zierliche Person war mit einer niedlichen Mädchenstimme, schien dies den Jungen in irgendeiner Weise zu beeindrucken und er überließ ihr das Fahrrad. „Gut, dass du eine große Schwester hast, Loser“, riefen sie ihm hinterher und kehrten ihnen den Rücken. *Dass ich eine große Schwester habe*, lächelte Julian vor sich hin und dachte an die vielen Momente, in denen die Leute früher wirklich annahmen, sie seien Geschwister. Beide blondes Haar, schlank gebaut und irgendwie immer im Doppelpack zu sehen. *Was bin ich froh, dass sie nicht meine Schwester ist*, überkam es ihn, als seine Gedanken zu dem Moment wanderten, als er zum ersten Mal ernste Gefühle für sie in sich entdeckte ...

Er war fünfzehn und es war eine Zeit, in der er sich selber nicht leiden konnte. Er war mitten in der Pubertät und konnte es nicht ertragen, wenn Leonie sich nach der Schule noch mit diesem Jens traf, weil sie ihm in Englisch half und er ihr in Mathematik. Eifersucht keimte in ihm auf und ließ ihn seitdem nicht mehr los. Er hatte furchtbare Angst, seine Leonie an ihm zu verlieren und immer länger wurden die Pausen zwischen ihrem Wiedersehen, obwohl sie Tür an Tür wohnten. Es war die Zeit, in der Julian eine Meike erfand, ein Mädchen, das er nur erfand, um herauszufinden, wie Leonie darauf reagieren würde. Er schnitt ein Bild von einem Mädchen aus einer Zeitschrift aus und rahmte es ein, so dass es tatsächlich wie ein Foto wirkte. Eines Abends, als Leonie mal wieder bei ihm war und ihm von ihrem ausstehenden Schulabschlussball erzählte, entdeckte sie den Bilderrahmen auf seinem Schreibtisch. Sie ließ sich nicht viel anmerken an jenem Tag, aber im Nachhinein hatte Julian erfahren, dass sie sich genau an diesem Tag entschieden hatte, das Angebot von Jens anzunehmen, seine Begleiterin beim Abschlussball zu sein und eben nicht ihren Julian zu fragen. Als Julian erfuhr, wer ihr Tanzpartner war, erreichte seine Eifersucht den Höhepunkt, unwissend, dass seine Leonie die gleiche Eifersucht empfand, wenn sie an diese Meike dachte.

Er gab vor, den Abend mit Meike zu verbringen, während Leonie auf dem Schulabschlussball war. Seine Neugierde gepaart mit Verlustangst ließen ihn aber spontan zum Opernpalais fahren, in dessen altertümlichen Gemäuern der Ball stattfinden sollte. Er lief die Treppen hinauf in die obere Etage, um sich in dem ganzen Gewusel der Schüler einen Überblick zu verschaffen. Es sah alles sehr festlich aus, rote, schwere Gardinen schmückten die Fenster und aufgemalte Kunst zierte die Wände. Kronleuchter zauberten ein sanftes Licht auf die marmorierte Tanzfläche und ein Orchester in der linken Ecke spielte moderne Musik im klassischen Stil. Was hätte er darum gegeben, heute Leonies Begleiter zu sein, in dieser Kulisse, die wie aus einem anderen Jahrhundert schien. Zwischen den vielen Mädchen in ihren Kleidern war es schwer, sich einen Überblick zu verschaffen, doch sein Blick führte ihn – ohne lange suchen zu müssen – in die richtige Richtung, hin zu der breiten Treppe, wo sie stand und Jens von weiter unten auf sie zulief. Er musste zweimal hinschauen, denn seine Leonie schien an diesem Tag so erwachsen, so fraulich. Ihre Haare hatte sie hochgesteckt und das lange, altrosafarbene Kleid betonte ihre zarte Figur. Mit einem Mal wollte Julian sich ohrfeigen für seine erfundene Meike, die er nun am liebsten zum Pfeffer schicken wollte. Jens reichte ihr die Hand wie ein Gentleman und sie legte ihre leicht in seine, ließ sich die Treppe hinunter führen auf die Tanzfläche. Julian schaute ein letztes Mal hinunter – gerade wollte er auf dem Absatz kehrtmachen – da gelangte ihr Blick hinauf zu ihm und sie hielt inne. Mitten in dem Gewusel fand ihr Blick seinen Blick. Als hätte sie ihn gespürt, als hätte sie seine lauten Gedanken einfach gehört. Julian merkte, wie er rot anlief und verließ auf schnellen Sohlen und peinlich berührt den Palais, unwissend, dass Leonie in diesem Moment auch die Tanzfläche verließ, um ihn zu suchen, um ihm hinterherzulaufen. *An diesem Abend ist es geschehen, an diesem Abend wusste ich, dass sie mehr für mich war als das Mädchen von nebenan.* Julian schreckte kurz auf, als sich ein dunkler Schatten über ihn legte und er schlug blitzartig die Augen auf, in der Hoffnung, seine Leonie vor sich zu sehen. Zu seiner Enttäuschung war es nur eine dicke Wolke, die sich vor die Sonne geschoben hatte und mit einem Mal war es ein wenig düster in dem sonst so lichten, freundlichen Wald. Er fragte sich, wie lange er in seiner Gedankenwelt gewesen sein muss und sein Blick auf die Uhr ließ ihn leicht nervös werden. Es war bereits nach halb fünf und Leonie müsste längst hier sein, stellte er besorgniserregend fest. Die dichte Wolkendecke mit einem Sommergewitter im Gepäck, die der Wetterbericht erst für den späten Abend vorausgesagt hatte, schien sich heute etwas zu beeilen, während andere Dinge auf sich warten ließen. Julian nahm einen großen Schluck aus seiner Eisteeflasche, die bei diesen Temperaturen auch keine Erfrischung mehr war und lugte dann auf sein Smartphone. Ohne lange zu überlegen, klickte er sich durch seine Kontaktliste und wählte die Nummer von Daniela, einer Kollegin von Leonie. „Hey Julian“, ertönte es lautstark am anderen Ende und er bat sie sofort, leiser zu sprechen, er wollte nicht, dass Leonie etwas mitbekam, falls sie noch im Blumenladen war. „Hör zu, Daniela, ich warte hier an einem See auf Leonie und habe eine Überraschung für sie. Ist sie noch da, es ist schon so spät?“ Daniela schob mit ihrem Schuh die halb geöffnete Tür zum Ladenraum zu, bevor sie antwortete. „Oh, das ist heute aber blöd.“ Nach einer kurzen Pause, die Julian wie eine Ewigkeit vorkam, fuhr sie endlich fort. „Wir haben noch einen Auftrag reinbekommen, Blumenkränze für eine Beerdigung binden und die Chefin hat sich geschickt aus der Affäre gezogen. Somit sind Leonie und ich am Rotieren und haben gut zu tun. Überstunden juhu.“ Daniela machte endlich eine Atempause und in Julians Kopf überschlugen sich bereits die Gedanken, wie er am besten weiter verfahren sollte. „Pass auf, ich warte hier noch eine Weile, wir haben ja Sommer und es ist noch lange hell.“ Mit gemischten Gefühlen beendete er das Telefonat. Daniela konnte nicht abschätzen, wie lange sie noch für die Kränze bräuchten, doch noch wollte Julian seinen sorgsam vorbereiteten Plan nicht aufgeben.

Ein leises, aber eindeutiges Donnergrummeln in der Ferne ließ ihn seine Meinung urplötzlich ändern, auf einmal fand er seine Idee albern, hier noch länger warten zu wollen und es Leonie nach ihrem wohlverdienten Feierabend zuzumuten, sich bei diesem Tropenwetter mit Gewitterstimmung hinters Steuer zu setzen. Er erhob sich von seinem gemütlichen Platz an der Holzbrücke und bemerkte jetzt erst, dass sein linkes Bein eingeschlafen war von seiner einseitigen Sitzposition am Boden. Er lockerte sich ein wenig und zupfte an seinem leicht verschwitzten T-Shirt rum. Es war wie die Ruhe vorm Sturm, die Vögel verstummten inmitten ihres lieblichen Gesanges, die Sonne schien wie verschluckt vom Schlund dunkler Wolken und die ersten dicken Regentropfen verglühten auf der staubigen, trockenen Erde. Nun musste Julian handeln, er wollte sofort Sarah bitten, den Briefumschlag aus Leonies Zimmer zu entfernen, damit sie bloß nicht auf die Idee käme, jetzt noch loszufahren. Gerade, als er in seinem Smartphone die Kontaktliste nach Familie Schneider durchsuchte, ertönte ein vertrautes Geräusch und sein Display wurde schwarz. Kopfschüttelnd fluchte er vor sich hin, im besten Moment schmierte der Akku einfach ab, verzweifelt startete er einen erneuten Versuch. Kurz sprang das Display an, aber der schlechte Empfang im Wald schluckte einfach zu viel Akku und Schwupps war das Display schon wieder schwarz. Tiefschwarz. Ein mulmiges Gefühl durchzog Julians Inneres, auf seinen Armen breitete sich eine Gänsehaut aus, die er das letzte Mal gespürt hatte, als ihm Leonie von diesem Alptraum berichtete. Und genauso fühlte er sich jetzt auch, gefangen und eingeschlossen im tiefen, dunklen Wald. Auf sein Smartphone konnte er nicht mehr zählen, er ließ es lieblos und ohne Schutzhülle in seinen Rucksack fallen und seine Schritte wurden schneller und schneller auf dem schmalen Pfad zurück durch den tiefen Buchenwald.

An der Weggabelung in Richtung Parkplatz oder See kam ihm die Idee, dass er am See noch ein paar Leute antreffen könnte, die ihm eventuell mit einem Handy aushelfen könnten. Somit schlug er sich durch das tiefhängende Gras, das durch die Trockenheit der letzten Tage – oder waren es Wochen – müde herunterhing und den schmalen Weg immer mehr in einen engen Trampelpfad verwandelte. Vor Julian hätte jetzt jedoch auch ein Elefant erscheinen können, er hatte nur noch einen Gedanken und von diesem angetrieben lief er eiligen Schrittes vor zum See und sehnte sich auf einmal nach der Gesellschaft anderer Menschen, auf die er sonst so oft gut und gerne verzichten konnte.

Der See spiegelte die schwarze Wolkendecke eins zu eins wieder und der Wind blies an dieser offenen Stelle aus allen Richtungen. In der Ferne konnte er noch zwei Leute erkennen, die gerade dabei waren, ihre Sachen zusammenzupacken. Julian lief ihnen entgegen. „Entschuldigung", stammelte er nun ein wenig außer Atem, „haben Sie eventuell ein Handy bei, ich habe da so einen kleinen, na sagen wir, Notfall, und mein Akku ist alle." Hoffnungsvoll schaute er zu dem älteren Pärchen herüber und noch bevor der ältere Mann mit der roten Badehose und der weißen Kappe auf dem Kopf antworten konnte, wusste Julian irgendwie, dass diese Generation ganz sicher kein Handy bei haben würde. Geknickt wünschte er den beiden einen schönen Tag und lief zurück zum Parkplatz.

Zwei, drei Autos standen noch dort, doch wer konnte, war bei diesem Wetter schon zu Hause oder zumindest bereits auf dem Rückweg. Ein kleiner Hoffnungsschimmer breitete sich noch in Julian aus, als er ein Knacken aus dem Wald vernahm und einen Pfiff von weiter Weg. Ein junger Mann suchte seinen Hund und kam hinter einem struppigen Gebüsch hervor, kurz darauf jagte ein kleiner schwarz-weißer Terrier hinter einem Dackel her. Doch auch diese Hoffnung zerplatzte wie eine Seifenblase, der junge Mann besaß zwar ein Handy, hatte dies auch bei, doch sein Guthaben war überraschenderweise auf dem Nullpunkt angelangt. Für einen Moment glaubte Julian, die ganze Welt hätte sich gegen ihn verschworen. Verschwitzt und erschöpft setzte er sich in sein Auto, sein Magen knurrte lautstark, obwohl er keinen Hunger verspürte. In diesem Moment war er dankbar, ein Dach über den Kopf zu haben, der Regen setzte ein und dicke Tropfen prasselten auf die Windschutzscheibe. Von hier aus könnte er immerhin seine Leonie sehen, dachte er sich. Falls sie es bei diesem Wetter wagen sollte, herzukommen.

Es war viertel nach sieben, als Julian den Motor startete und genug hatte vom Warten und sinnlosen Rausstarren aus der Windschutzscheibe. Ein kleines, gelbes Auto stand noch herrenlos auf dem Parkplatz rum, wo auch immer der Besitzer dieses Autos war bei einem Sommergewitter wie diesem. Es hatte mächtig gekracht und das Unwetter war eine Weile ganz nah gewesen – Julian war sich ziemlich sicher, dass der Blitz im See eingeschlagen haben muss. Er hatte mittlerweile ein solches Verlangen danach, seine Leonie zu hören oder zu sehen. Er hoffte nun, sie würde zu dieser späten Stunde nicht mehr den Weg Richtung Wald nehmen und steuerte den Wagen auf die schmale Einbahnstraße, die Richtung Heimat führte.

Je näher er seiner Siedlung kam, umso mehr erhellte sich der Himmel und mit ihm seine Stimmung. Er wollte nur noch Leonie sehen. Und duschen. Und was essen. Doch es sollte alles so anders kommen. Eine Traube Menschen in der Einfahrt seines Elternhauses ließ ihn aufmerksam werden und der ernste Blick seiner Mutter trieb ihm schon wieder Schweißperlen auf seine Stirn. Noch vor der Einfahrt würgte er den Motor ab, verließ gedankenlos den Wagen, ohne den Zündschlüssel zu ziehen und die Tür zu schließen und danach konnte er sich an nichts mehr erinnern. Wie ein Filmriss, der ihm sagte, dass hier erstmal Pause sei, wie ein Cut, der ihm vorerst jeden Lebenshauch entweichen ließ. So schwarz. So finster. So real.

Teil II

Kapitel 5: Heimkehr

Die unendliche Weite war ausgefüllt von einem sanften, weißen Licht. Noch einmal schaute sich Leonie um und erschrak, als plötzlich hinter ihr alles düster und schwarz war. Der Weg, von dem sie kam, der soeben noch bunt und voller Leben war, schien mit einem Mal wie vom Erdboden verschluckt. Die Tür war zu, ein beklemmendes Gefühl keimte in ihr auf und schnürte ihr die Luft ab. Ihre Kehle fing an zu schreien, doch alles verhallte in dieser unendlichen Weite. Verzweifelt schaute sie in die Finsternis und ein Gefühl von Heimatlosigkeit und absoluter Leere durchdrang ihren Geist, zwang sie in die Knie und ließ sie schluchzend zusammenbrechen. Abermals spulte sich ihr Leben vor ihrem inneren Auge ab und mit einem Mal hämmerte sie mit aller Kraft, die sie noch in sich spürte, gegen die Tür. Doch der Weg zurück schien ihr versperrt.

Erst der Blick zur Seite ließ erneut einen Lichtstrahl in sie eindringen. *Dreh nicht um, geh voran, Leonie,* ihre innere Stimme wurde bedrohend laut und mit zittrigen Knien zwang sie sich, Schritt für Schritt nach vorne zu laufen und nicht mehr zurückzuschauen. So lief sie hindurch, durch das

Licht, das sie wie sanfter Nebel umhüllte und ihr immer wieder die Sicht nahm. Auf halber Strecke kniff Leonie die Augen zusammen und konnte nun endlich das Ende des Weges ausmachen, ja, sie war sich auf einmal ganz sicher, dies musste ihr Weg sein.

Als sie vor einem mächtigen, goldenen Torbogen stand und ehrfurchtvoll hindurch blickte, blieb ihr fast der Atem weg. Der Nebel aus Licht hatte sich geklärt wie ein fallender Vorhang im Theater und gab den Blick frei auf den wohl schönsten Wildgarten, den man sich nur vorstellen konnte. Beim Durchschreiten drehte es sich in ihrem Kopf und innerlich wiederholte sie immer nur diesen einen Satz: *Ich bin zu Hause, ich bin daheim.*

Prächtige Rosen in allen Farbschattierungen, urige Bäume mit ausladenden Ästen und knochige, vollbehangene Obstbäume markierten einen Weg. Die Luft war durchtränkt vom Duft lieblicher Blüten und süßer Aprikosen. Instinktiv wusste Leonie, wohin sie zu gehen hatte, instinktiv führte sie dieser Weg zu einem prächtigen Anwesen, vor dessen Toren ein wunderschönes Licht erstrahlte, dessen Aura sich Leonie nicht entziehen konnte. Das zartrosane Lichtwesen hatte solch eine sanftmütige und beruhigende Ausstrahlung, dass sie nicht einen Moment zögerte, auf dieses Licht weiterhin zuzugehen. Als sie dem Lichtwesen ganz nahe war, schaute sie vorsichtig auf und beim Anblick fühlte sie augenblicklich Tränen in ihre Augen schießen. Noch nie zuvor wurde ihr solch eine reine Liebe entgegengebracht, noch nie zuvor konnte sie so stark die Präsenz von Macht und Sanftmut zugleich vernehmen, die ihr nun in einem Bruchteil von einer Sekunde zuteilwurde.

Erzengel Chamuel stand vor ihr und mit seinen riesigen Flügeln hüllte er Leonie schützend ein, diese zarte, zerbrechliche Frau auf ihrem Weg nach Hause. Auf ihrem Weg zurück in die Ewigkeit, auf ihrem Weg zurück in die unendlichen Weiten des Himmels.

Kapitel 6: Himmlische Aufgaben

„Sie wirkt so zerbrechlich, hältst du es wirklich für eine gute Idee, sie jetzt schon als Engel im Auftrag der Liebe loszuschicken?“ Erzengel Gabriel stand Seite an Seite mit Erzengel Chamuel und beide sahen Leonie nach, wie diese sich auf den Weg machte, ihre erste himmlische Mission als Engel zu erfüllen. „Sie ist stärker als wir glauben“, entgegnete Erzengel Chamuel überzeugt – die Augen weiterhin fest auf Leonie gerichtet. „Ihre Erinnerungen sind ausgelöscht und sie wird sich nicht von ihren Emotionen leiten lassen.“ „Das nicht“, Erzengel Gabriel fügte leise, dennoch bestimmt, hinzu: „Aber ihr Herz wird nie vergessen und sollte ihre Seele tief berührt werden, so werden auch diese Erinnerungen wachgerufen.“

Aus einiger Entfernung betrachtete Leonie die Gemäuer eines alten Bauernhofes. Sie schaute sich ausgiebig um, Felder und saftige Wiesen umrandeten ein großes Terrain, auf dem mehrere längliche Backsteingebäude standen, in der Mitte des Platzes ein kleines, dunkelrotes Holzhaus. Es wirkte ein wenig deplatziert und verloren in Anbetracht der weiten unbestellten Felder und Wiesen und bei näherem Hinschauen stellte sie fest, wie marode das Holz des Bauernhauses war. Der Lack bröckelte großflächig ab und durch die dreckigen, gardinenlosen Fenster drang kaum noch Tageslicht. Die Eingangstür sah aus, als würde sie beim nächsten Sturm aus allen Angeln fallen. Eine kleine, rote Katze streifte durch das hohe Gras hindurch und miaute kurz auf, als es die Gegenwart von Leonie erspürte, ging dann aber wieder seiner Wege.

Ein klapperndes Geräusch ließ Leonie neugierig hinter die Baracke treten, wo sich die Silhouette einer jungen Frau als Schatten abzeichnete. Als diese mit Zaumzeug über dem Arm aus einem Schuppen trat, konnte Leonie ihre ganze Schönheit einfangen. Dunkelbraunes, volles und langes Haar, ein rundliches Gesicht und große, braune Augen, die noch viele Träume erkennen ließen. Ihr Gesicht war von Dreck und Arbeit gekennzeichnet und sie trug ein taubenblaues, knöchellanges Kleid. Zielgerichtet steuerte die junge Frau auf ein anliegendes Backsteingebäude zu und führte einen anmutigen Apfelschimmel aus dem Stall. Als dieser in das Tageslicht trat, warf er seinen Kopf nach oben und tänzelte mit geblähten Nüstern nervös auf dem Asphalt umher, so dass die junge Frau Mühe hatte, den Wildfang zu bändigen. Ohne Sattel, nur mit Zaumzeug, schwang sie sich auf den Rücken des Pferdes und galoppierte vom Hof. Erst an einem plätschernden Bach verlangsamte sie das Tempo und ließ sich vom Rücken gleiten. „Du bleibst in der Nähe, Sam“, die Zügel band sie zu einem Knoten, damit ihr Pferd nicht darüber stolpern konnte, dann ließ sie ihn auf der Wiese grasen und setzte sich an das moosbewachsene Ufer des Baches. Ihre nackten Füße berührten die nassen Steine im Wasser und mit ihren hohlen Handflächen schöpfte sie sich Wasser in das Gesicht, wusch sich gründlich den Dreck aus ihrem verschwitzten Gesicht und den Unterarmen.

Leonie stand an einer Lichtung und beobachtete die junge Frau, in deren Augen sie noch so viel Hoffnung erkennen konnte, auch wenn es ein dunkles Geheimnis in ihrem Inneren gab. Leonie ging in sich und sah Johanna als siebenjähriges Mädchen.

„Und geht mir nicht zu dem Wildbach, Kinder, habt ihr gehört?“ Eindringlich schaute die Mutter in die Augen ihrer ältesten Tochter, die zusammen mit ihrer kleinen Schwester ein paar Einkäufe erledigen sollte. Da sie selber Hof und Haus nicht verlassen wollte, um für ihren kranken Mann zu sorgen, schickte sie ihre beiden Töchter los. Um den Ort mit ein paar Geschäften zu erreichen, war es notwendig, den Wald zu durchqueren. Johannas Schwester Mathilde war gerade mal drei Jahre alt und ein kleines Temperamentsbündel. Johanna dagegen war ein eher ruhiges Mädchen mit sehr viel Verantwortungsbewusstsein ihrer kleinen Schwester gegenüber, somit machte sich die Mutter keine allzu großen Sorgen. Mit einem Weidenkorb unterm Arm stiefelten die beiden los. An einer Weggabelung blieb Mathilde stehen. „Johanni nur einmal zum Bach, ich habe mein kleines Pappboot bei, bitte, ich mag es schwimmen lassen." „Nein, ich habe es Mama versprochen, wir dürfen da nicht hin, die Strömung ist zu stark und du kleiner Wurm kannst noch nicht schwimmen." Beherzt zog Johanna ihre Schwester zu sich und nahm sie an die Hand. Doch Mathilde hatte anderes im Sinn, riss sich los und rannte in die andere Richtung, so schnell ihre kleinen Füße sie tragen konnten. Johanna hinterher, die natürlich mit ihren sieben Jahren und den etwas längeren Beinen schneller war. Doch als sie in diese großen, grünen Augen schaute, konnte sie ihrer Schwester den Wunsch einfach nicht abschlagen. „Nur ganz kurz und du bleibst in meiner Nähe." Fröhlich hüpfend erreichten die Mädchen den Wildbach, die Sonne zauberte ein hübsches Spiel aus Licht und Schatten auf den Waldboden und das Wasser glitzerte vor sich hin. Mathilde kramte aus ihrem Rucksack ein kleines Pappboot hervor, das sie krabbelbunt angemalt hatte. Hockend am Ufer versuchte sie, das Boot auf das Wasser zu setzen, doch es kippte immer wieder um. Mit ihrem rechten Fuß trat sie auf einen Stein, der schräg aus dem Wasser herausragte, um das Boot besser auf das Wasser zu platzieren, doch das glatte, rutschige Moos bot ihren Sandalen keinen festen Halt mehr. Der kleine, zarte Körper geriet vollkommen aus dem Gleichgewicht und glitt mitsamt dem Pappboot in das Wasser. Johanna, die Mathildes wildes Getänzel hilflos mitanschauen musste, griff ohne zu zögern ihren Arm, doch war sie zu schwach und war diese Stelle am moosbewachsenen Ufer einfach zu glatt, um ein Unglück wie dieses aufhalten zu können. Johanna wollte ins Wasser springen, wollte sie zurückholen, doch etwas hielt sie zurück. Es war ihr Schutzengel, der Johanna an diesem Tag rettete und ihre Eltern an jenem Tag davor bewahrte, gleich beide Töchter mit einem Schlag zu verlieren.

Die Jahre darauf waren kein Kinderspiel für Johanna, tiefe Schuldgefühle formten aus ihr einen Menschen, der seine eigenen Wünsche und Sehnsüchte immer hintenanstellte. Ihre Eltern, verbittert durch diesen Verlust, gaben ihr – gefangen in ihrem Gram – alle Schuld für das, was an jenem Tag passiert war. Bedingt durch den schlechten Gesundheitszustand des Vaters und den bitterärmlichen Verhältnissen, gelang es Johanna nie, aus diesem Teufelskreis auszubrechen und sie sah sich bereits als Gefangene bis an ihr Lebensende, um ihren Eltern zu dienen und damit ihre Schuld abzubauen.

Dennoch hatte Johanna nie aufgehört, sich einen Hoffnungsschimmer in ihrem Herzen zu bewahren und verarbeitete ihre Trauer und auch ihre größten Sehnsüchte in selbstgeschriebenen Büchern. Dies war ihre Flucht, ihr Ventil, sich ein Leben zu erschaffen, wie sie es sich erwünschte.

Leonie schaute aus einiger Entfernung auf die junge Frau, die nun an dem Ufer saß, wo zehn Jahre zuvor ihre kleine Schwester ums Leben gekommen ist. Mit einem beruhigenden Lächeln auf den Lippen wusste sie bereits, wie sie dieser jungen Frau den Mut an das Leben zurückgeben wollte.

Johanna kehrte im Trab heim, auf dem asphaltierten Platz vor dem Stallgebäude kamen beide verschwitzt zum Stehen. Sam schnaubte kräftig, Johanna nahm ihm das Zaumzeug ab und legte ihm sein Halfter an. Mit ihren Händen fuhr sie durch seine zottelige Mähne und tätschelte liebevoll seinen Hals. Johanna kümmerte sich rührend um ihren geliebten Hengst, er war der einzige Freund in ihrem Leben, der ihr zuhörte und dem sie ihr ganzes Herz ausschütten konnte – zugleich war er auch die einzige Möglichkeit, ab und zu aus diesem verlassenen Ort rauszukommen. Nachdem sie Sams Beine ordentlich mit kühlem Wasser abgespritzt hatte, kochte sie – wie jeden Tag – das Mittagessen für ihre Eltern und sich und ging anschließend ohne Umschweife hinauf in die obere Etage des Bauernhauses, auf einen ausgebauten, kleinen Dachboden. Hier war ihr kleines Reich, alles sehr einfach mit ein paar rustikalen, schweren Bauernmöbeln, dennoch liebevoller dekoriert, als in den restlichen Räumen des ganzen Hauses. Mit allen Mitteln hatte sich Johanna hier einen Rückzugsort geschaffen, in dem sie sich wohl fühlen konnte.

Immer noch verschwitzt öffnete sie weit das Dachgeschoßfenster, ein böiger Windzug ließ einen Stapel Blätter von dem davorstehenden Holztisch zu Boden gleiten. „Oh, wo kommt das denn her", verwundert sammelte Johanna die Blätter auf und betrachtete den Inhalt. Ihre sämtlichen selbstgeschriebenen Geschichten, die sie tief im Schrank verstaut hatte, lagen nun auf einmal auf ihrem Tisch, daneben eine weiße Feder. „Hm", machte sie und wollte erst ihre Eltern dahinter vermuten, doch sie hatte sich vor ein paar Jahren ein Stück Freiheit zurückergattern können und seitdem immer ihr Zimmer abgeschlossen. Ein Gedanke blitzte durch ihren Geist und hinterließ eine wohlige Gänsehaut. Sie sah es als eine Art „Wink des Himmels“, doch es änderte nichts an ihrem Leben. Leonie beobachtete die junge Frau ausgiebig, die sich sehr wohl wieder intensiver dem Schreiben widmete, die auch wieder ein wenig gelöster wirkte, dennoch hatte es nicht den Effekt, den sich Leonie für ihr Erdenkind wünschte.

Es war ein sonniger Tag im September, als Johanna schon den ganzen Tag eine unbändige Lust verspürte, in den Ort zu gehen und dort ein wenig durch die Straßen zu laufen, hier und da einfach mal zu schauen. Sie wusste, dass sie kein Geld hatte, sich etwas zu kaufen, aber hin und wieder machte es ihr Spaß, die Auslage durch die Schaufensterscheibe zu betrachten. Es trieb sie ohne Umschweife zu dem kleinen Tabakladen ganz in der Nähe vom Bahnhof. Johanna fühlte sich heute sehr wohl in ihrer Haut, sie hatte sich ein hübsches Kleid angezogen und lächelte vor sich hin, als sie sich dem Postkartenständer näherte. Wie liebte sie diese bunten Karten mit all ihren aufmunternden Sprüchen voller Weisheit. Wie gern hätte sie sich die ganze Wand über ihrem Bett damit beklebt, um beim Einschlafen und Aufwachen immer an ihren Traum erinnert zu werden. Johanna schaute sich gerade eine Karte an, als sie im Augenwinkel ein kleines Mädchen neben sich wahrnahm. Sie war höchstens fünf Jahre alt, wie Johanna bemerkte, trug ein rosa Shirt und hatte einen Pferdeschwanz. Kurz verschwand das kleine Mädchen hinter dem Postkartenständer, dann stand es direkt vor Johanna. Ein Lächeln, ein lieber Blick, dann drückte ihr das kleine Mädchen eine Karte in die Hand: „Du kannst das", genauso schnell wie sie kam, war sie auch schon wieder weg. Wie versteinert stand Johanna da, eine Träne schoss ihr in die Augen, denn sie hatte das Gefühl, soeben ihrer kleinen Schwester von damals begegnet zu sein. Es war nicht ihr Aussehen, aber es war dieses Gefühl, was es in ihr hinterlassen hat. Diese Geste von einem kleinen Kind, wie von einem Engel, der auf die Erde kommt, um einem Menschen etwas zu sagen, um einem Menschen etwas zu überbringen. Mit einem Mal fühlte Johanna wieder diese Verbundenheit zu ihrer Schwester, mit einem Mal begriff sie, was auch immer damals geschehen ist, es war nicht ihre Schuld, sie wollte es mit aller Macht verhindern.

Johanna kehrte nach diesem bewegenden Ereignis spät heim, die Sonne war schon fast verschwunden. Angekommen in ihrem Zimmer spürte sie auf einmal wie alle Tränen der Vergangenheit geweint werden wollten und der Schmerz, der sich fest um ihre Brust gelegt hatte, endlich aus ihrem Körper raus wollte. Stundenlang lag sie auf ihrem Bett, das Foto ihrer dreijährigen Schwester neben sich und nach einer Weile wurde es ihr leichter ums Herz.

Als Johanna endlich den Mut aufbrachte, ihre vielzähligen, gesammelten Schriftstücke einem Verlag zu übergeben, war Leonie das letzte Mal auf diesen Bauernhof gekommen. Noch einmal schaute sie hinüber zu den alten Gemäuern und tief in ihrem Inneren spürte sie, diese junge Frau würde ihren Weg gehen, denn Mut und Hoffnung würden nun ihr steter Begleiter sein.

Kapitel 7: Marie

„Ihre Träume sind schwarz und sie redet nicht mehr. Mit niemandem“, Erzengel Chamuel führte Leonie durch den Wildgarten und erzählte ihr von dem kleinen Mädchen, was keine Träume mehr hatte. Ein Trauma hat ihren Glauben zerstört und Erzengel Chamuel hielt es für eine gute Idee, Leonie diese Mission zu übergeben.

Der Wartesaal des Krankenhauses war brechend voll und immer wieder ertönte die schrille Sirene vom Martinshorn. Leonies Aufmerksamkeit führte sie zu einem kleinen Mädchen von acht Jahren. Eine zierliche Gestalt, dunkelbraunes Haar, dunkle Augen, sie wirkte wesentlich jünger für ihr Alter. Die hängenden Schultern und der weit zu Boden gerichtete Blick weckten kein gutes Gefühl in Leonie. Diese Begegnung schien von einer ganz anderen Färbung als die Begegnung mit Johanna.

Die Mutter schaute immer wieder kurz zu ihrer Tochter rüber, versuchte sie mit einem Kinderbuch aus der Reserve locken zu wollen, doch Marie schaute nicht einmal auf und verharrte in ihrer Position. Die Mutter schien sichtlich besorgt und Leonie spürte, sie war nicht der Grund für das Trauma. Nach einer Weile wurden sie endlich aufgerufen und eine Schwester führte sie einen langen, schmalen Saal entlang, der am hintersten Ende zu einem Sprechzimmer führte. Der Doktor, ein älterer Herr mit kahlem Haar und runder Nickelbrille, nahm Marie herzlich in Empfang und streichelte ihr sanft über den Kopf. Er musterte das kleine Mädchen, sah sich die Akte mit der Überweisung des Hausarztes an und richtete dann sein Wort an Frau Berger. „Hm, wir fangen erstmal mit den grundlegenden Untersuchungen an und dann werde ich Ihnen noch ein paar Fragen stellen."

Auch wenn Marie kein Wort von sich gab, so ließ sie die Untersuchung tapfer über sich ergehen und innerhalb einer guten halben Stunde wurde sie auf Herz und Nieren überprüft. „Ihre Tochter ist auf den ersten Blick gesund, die Blutprobe werden wir schnellstmöglich überprüfen lassen. Sagen Sie, wann hat Marie angefangen, sich zu verschließen?" Der Doktor gab seiner Assistenzschwester ein Zeichen und diese nahm Marie an die Hand, führte sie hinüber in ein Nebenzimmer, damit der Doktor ein Gespräch unter vier Augen führen konnte. Frau Berger räusperte sich kurz, ließ ihren Blick hilfesuchend durch den sterilen Krankenhausraum schweifen und begann dann mit zögerlicher Stimme. „Es begann vor drei Wochen, mein Mann kam von einer Geschäftsreise zurück und holte auf dem Rückweg unsere Tochter von der

Schule ab. Da er mittags heimkehrte, konnte er dies mit dem Schulschluss verbinden, ich war zu dieser Zeit noch im Büro. Es begann genau an diesem Tag und ich kann Ihnen nicht mal sagen, wo das ganze passiert ist, obwohl mir die Lehrerin versichert hat, dass Marie an jenem Tag ganz normal wie immer war.“ Nach einer kurzen Pause ging ihr Blick hinüber zum halb geöffneten Fenster, ein Ast von einer ausladenden Eiche ragte fast in das Sprechzimmer herein und für kurze Zeit war Vogelgezwitscher das einzige Geräusch, was man in diesem Raum vernehmen konnte. „Sie müssen wissen“, fuhr Frau Berger fort und richtete ihren Blick wieder zum Doktor, „Marie war zuvor eine ganz andere Persönlichkeit. Voller Fantasie und sie hat am laufenden Band geredet, wenn nicht mit uns, dann ist sie auf ihr Baumhaus geklettert und hat lautstark mit ihren Kuscheltieren gespielt“, Frau Berger musste schmunzeln und gleichzeitig ihre Tränen hinunterschlucken.

„Haben Sie mit Ihrem Mann gesprochen, ist da eventuell irgendetwas vorgefallen?“ „Wissen Sie ...“, Frau Berger beendete abrupt den Satz und fasste sich an die Lippen, als wollte sie etwas zurückhalten. „Wir haben schon seit längerer Zeit mal kleinere und mal größere Eheprobleme und ich komme irgendwie nicht mehr an ihn ran. Er verneint es, wenn ich ihn danach frage, doch ich bin mir nicht sicher." Der Doktor musterte Frau Berger, die ihren Kopf gesenkt hielt, und vermutete, hier müsse ein traumatisches Erlebnis in der Familie stattgefunden haben. „Wir werden in diesem Fall am besten mit einem Kinderpsychologen fortfahren", verabschiedete der Doktor Frau Berger und führte sie mit einer offenen Geste in das Nebenzimmer, wo sie ihre Tochter abholen konnte.

Frau Berger kochte eine Gemüsesuppe und Marie half, den Tisch einzudecken. Auf Zehenspitzen stand das kleine Mädchen vor der Glasvitrine im Wohnzimmer und angelte nach den Terrinen, die hinter den Saucieren platziert waren. Vorsichtig griff sie nach drei Schalen und drehte sich langsam um zum Esstisch, um nicht die Balance zu verlieren. Ein schepperndes Geräusch ließ Frau Berger in das Wohnzimmer eilen, ihr Mann stand im Türrahmen zwischen Flur und Wohnzimmer. „Clemens, ich habe gar nicht gehört, dass du nach Hause gekommen bist", sie wischte sich die Hände an ihren Jeans ab und trat vorbei an ihm, ohne ihn lange anzugucken. Auf dem Fliesenboden verteilt lagen die Scherben der Terrinen, der Vitrinenschrank stand weit offen und Marie war schon in ihrem Zimmer verschwunden.

Tränenüberströmt saß sie in einer Ecke ihres Zimmers, angekuschelt an dicke Sofakissen,

Wolldecken und Kuscheltieren. Leonie sah hinüber aus einiger Entfernung, Marie war umgeben von ihren Schutzengeln, die sie tröstend einhüllten in ihre Flügel.

Leonie erschrak, als sie einen Rückblick in Maries Vergangenheit wagte und ein komplett anderes Mädchen zu sehen bekam. Sie war ein lebhafter Wirbelwind mit leuchtenden Augen, sie lachte viel und war ständig am Plappern. Es war, als führte sie Selbstgespräche, doch Leonie konnte erkennen, sie redete mit Engeln, sie hatte einen guten Draht zur geistigen Welt und sie hörte auf das, was die Engel ihr flüsterten. Doch genau das, schien ihr an jenem Tag zum Verhängnis geworden zu sein.

„Und denk dran, heute holt dich der Papa ab, denn ich muss Urlaubsvertretung machen und komme später heim, Schatz.“ Frau Berger drückte ihrer Tochter einen Kuss auf die Stirn und strich ihr liebevoll ein paar Haarsträhnen aus dem Gesicht. „Mami, wenn der Papi mich nachher abholt, dann aber allein, oder?“ Frau Berger ging in die Hocke und schaute hoch zu ihrem Mädchen. „Aber sicher, er allein, ich bin ja dann noch im Büro“, nicht weiter über diese Worte nachdenkend, winkte sie Marie noch kurz zu und wartete, bis sie im Schulgebäude verschwunden war.

Es war viertel nach zwölf, als die Schulglocke ertönte und den Schulschluss ankündigte. Ein bunter Haufen Kinder stürmte Richtung Ausgang, unter ihnen Marie. Sie hatte heute ihren großen Kuscheltierhasen bei, den sie in ihrer linken Hand hielt und lieblos hinter sich her schleifte. Im Eingangsbereich der Schule sah sie ihren Vater stehen, in seinem dunklen Anzug, er war direkt nach dem Meeting heimgekehrt, ohne sich noch einmal umzuziehen. Marie verlangsamte ihr Tempo, die Pfoten von „Bunny“ schlurften auf dem Kiesboden. „Hey meine Kleine, was ist denn das für ein Gesicht?“, Herr Berger musterte seine Tochter und nahm ihr den schweren Schulranzen vom Rücken, öffnete ihr galant die hintere Tür vom Auto und ließ sie einsteigen. Kaum hatte er den Motor gestartet, würgte er ihn auch schon wieder ab. „Was hast du da eben gesagt?“ Er drehte sich weit um, die Hände noch am Steuer, seine Augen waren ernst und Marie kannte diesen Blick, wenn ihr Daddy diese ganz zusammengekniffenen Augen hatte, dann wusste sie, jetzt sollte sie ihn nicht provozieren. Aber Marie war ein offenherziges Kind und trug ihr Herz auf der Zunge und so sprudelte es erneut aus ihr heraus. „Ich bin froh, dass du ohne sie hier bist.“ Nun schaute sie aus dem Fenster, Herr Berger schnellte aus dem Auto und setzte sich auf die Rückbank zu seiner Tochter. „Ohne wen?“, verwundert schaute er in die großen

Kinderaugen. „Ohne diese Frau, bei der du warst.“ Wieder entstand eine Pause, nervös fasste er sich an seinen Hals, als würde ihm der Knoten seiner Krawatte die Luft abschnüren. „Woher weißt du ... Ähm, ich war bei keiner Frau, was redest du da für ein Zeug, Marie.“ Der Ton verriet ihr, dass ihr Vater sehr ärgerlich sein musste. „Na du warst doch bei dieser Frau und ich will keine neue Mami“, Marie war den Tränen nahe, sie spürte diese aggressive Stimmung und ihr war ganz und gar nicht wohl zumute, dass ihr Papa so dicht neben ihr saß. Herr Berger hielt kurz inne, dann beruhigte er sich etwas und sagte mit gefestigter Stimme, sie solle das Thema einfach vergessen und bloß nichts der Mama davon erzählen, da das alles nur ein Hirngespinst sei. Eindringlich schaute er sie an, hielt sie am Arm und Marie nickte mit geschlossenen Augen und war froh, als ihr Papa ihren Arm endlich wieder losließ.

Es gab Gemüsesuppe am Abend, Marie deckte den Tisch mit den Terrinen. Den ganzen Nachmittag über lag schon eine seltsame Stimmung in der Luft und als Herr Berger bei Tisch von seiner Geschäftsreise berichtete und den Namen einer Kollegin erwähnte, spürte er den Blick seiner Tochter, wie sie zu ihm aufschaute. Bevor sie jedoch etwas sagen konnte, kniff er die Augen zusammen und Marie ihren Mund. Nach dem Motto „Kindermund tut Wahrheit kund“, suchte er sich einen ungestörten Moment, ging in Maries Zimmer und schloss hinter sich leise die Tür. Marie saß an ihrem Schreibtisch und malte ein Bild. „Hör zu, Marie“, er trat näher an den Schreibtisch, „wenn du noch einmal etwas darüber sagst, dann bekommst du Hausarrest für den Rest deines Lebens.“ Er wollte es dabei belassen und hatte schon fast das Kinderzimmer verlassen, da sagte Marie, ohne von ihrer Zeichnung aufzuschauen: „Aber die Engel sagen immer die Wahrheit.“ Hier war für Herrn Berger die Grenze überschritten, er sah seine Ehe, die er hintergangen hatte, in ernster Gefahr von seiner eigenen Tochter. In seiner Hilflosigkeit suchte er nach Mitteln und Wegen. „Marie, glaub mir, es gibt keine Engel, du wirst das als Erwachsene noch früh genug lernen – deswegen sage ich es dir schon heute. Und wenn du noch einmal darüber redest, dann wird etwas Schlimmes passieren.“ Das war der Moment, an dem sich das Herz eines offenherzigen Kindes in ein ängstliches, schwarzes Etwas verwandelte. Das war der Moment, wo die Sprache aller Stille wich und eine Seele nicht mehr reden wollte, denn alles, was Marie glaubte, wurde nun in Frage gestellt und all ihre Freunde verwandelten sich auf einmal in dunkle Schatten.

Leonie erschrak über diesen Rückblick und fühlte, hier war so einiges im Argen, was sie richten musste. Es war nicht nur eine Kinderseele in Gefahr, sondern auch eine Ehe. Ihre Augen blickten in traurige Kinderaugen, die jeden Glanz verloren hatten. Ein Kinderherz, das zuvor die Präsenz von Engeln wahrgenommen hat, war nun vollkommen blind und konnte nicht mehr sehen. Marie nahm keinen Trost an, sie schien wie abgeschnitten von einer Welt, die zuvor so heil und rein war. Wie ein Trauerkloß saß sie auf ihrem roten Sitzsack zwischen all den Kissen und Kuscheltieren und nahm wieder ihren Daumen in den Mund wie ein dreijähriges Kind. Leonie wusste, hier musste sie anders vorgehen, dieser Weg führte nicht über Marie.

Es war ein Montagmorgen, als Frau Berger aus ihrem Bett stieg und ein kleiner Notizzettel zu ihren nackten Füßen ihre Aufmerksamkeit erregte. Der Name „Nadja“, eine Handynummer und ein angedeuteter Kussmund aus rotem Lippenstift sprangen ihr ins Auge. Sie kannte eine Nadja, ja, sie kannte die Kollegin von ihrem Mann, nicht nur aus Erzählungen. Diese Frau war schon ein paarmal bei ihnen zu Hause gewesen, ihr Mann hatte mit ihr beruflich einige Berührungspunkte und von Zeit zu Zeit hatte er sie getroffen, um mit ihr zusammen zu arbeiten. Das war jedenfalls der Standpunkt, den Frau Berger bis dato von ihr hatte.

In diesem Augenblick allerdings änderte sich ihre Sicht der Dinge und ein beklemmendes Gefühl keimte in ihr auf. Mit zittrigen Händen wählte sie die angegebene Handynummer und die Stimme am anderen Ende der Leitung bestätigte, dass es sich hierbei um diese besagte Kollegin handelte. Da sie ihren Mann den ganzen Tag über telefonisch nicht erreichen konnte, harrte sie aus, bis er am Abend vom Dienst heimkehrte. Nachdem sie Marie ins Bett gebrachte hatte, schloss sie die Schlafzimmertür und setzte sich aufrecht auf das Bett. Eigentlich wollte sie hier keine Streitgespräche führen, eigentlich war das Schlafzimmer immer noch der Ort, an dem sie diese Art von Gesprächen nicht führen wollte, doch heute war für Frau Berger ein guter Zeitpunkt, um mit Traditionen zu brechen. „Du hast Kontakt zu Nadja, nicht?“ Frau Berger richtete ihre Augen starr auf seine, ihre Miene war kalt und direkt. Ihr Mann zuckte kurz zusammen, dann entdeckte er den Zettel in ihren Händen. Es folgten Minuten der Stille, in denen man eine Stecknadel hätte fallenhören können, wie die Ruhe vor dem Sturm. Zu ihrer Verwunderung gab es diesmal keinen Sturm, kein aggressives Gebrüll, keine Rechtfertigungen, keine Anschuldigungen und kein Entschuldigen. Herr Berger stand auf, zog sich seine Hose an, knüpfte sich ein frisches Hemd zu, nahm sich den Koffer vom Schrank herunter und fing vor den

Augen seiner Frau an, Sachen zu packen. Als er fertig war, verließ er das Schlafzimmer ohne Worte und etwas später war das letzte Geräusch von ihm der aufjaulende Motor seines Coupés.

Am Dienstagmorgen ging Marie nicht in die Schule, am Dienstagmorgen lag Marie neben ihrer weinenden Mama im Bett und erzählte ihr, was die Engel gesagt hatten und was der Papa ihr gesagt hatte. An diesem Morgen begann eine kleine Seele wieder zu sprechen, an diesem Morgen kehrte die Sonne zurück in ein dunkles Herz und brach alles Schweigen. An diesem Morgen wurde es endlich wieder Licht und alle Finsternis zog von dannen.

Kapitel 8: Schrei der Seele

Leonie schaute auf ein Blütenmeer aus Rosen und konnte sich an der Farbenvielfalt nicht satt sehen, doch ihr Schritt war zielgerichtet und steuerte auf einen Fliederbusch zu, unter dem eine Holzbank stand. Sie beugte sich vor und schnupperte an einer weißen Fliederblüte, der süßlich intensive Duft hinterließ ein wohliges Gefühl in ihrem Bauch. *Welch ein herrlicher Morgen,* dachte sich Leonie und ihre Gedanken wanderten noch einmal zu Johanna und Marie. Ein tiefes Gefühl der Freude, diesen beiden Erdenkindern geholfen zu haben, erfüllte ihr Inneres.

Leonie setzte sich auf die Bank und summte eine Melodie, die ihr heute schon den ganzen Morgen nicht mehr aus dem Kopf gehen wollte. Ihr Herz hüpfte leicht bei dieser Melodie und ein ganz vertrautes Gefühl mischte sich unter all die anderen Gefühle.

Erzengel Chamuel war es, der Leonie aus ihren Gedanken riss. Diese Melodie ließ ihn aufmerksam werden, er setzte sich zu ihr auf die Bank. „Leonie, du hast solch wundervolle Taten auf der Erde vollbracht, ich habe wieder einen Auftrag für dich“, er machte eine kurze Pause, bevor er fortfuhr, „es geht da um einen jungen Mann, er braucht Hilfe.“ Leonie schaute zur Seite, ein Windzug umhüllte sie mit dem süßlichen Duft des Fliederbusches. „Ich weiß“, flüsterte Leonie, „ich weiß.“ Wieder summte sie diese Melodie und schloss für einen Moment ihre Augen. „Leonie“, ermahnte sie Erzengel Chamuel sanft, „Leonie, du weißt nicht, von wem ich da spreche.“ Bevor er jedoch weiterreden konnte, flüsterte sie weiter: „Doch ich weiß es, es ist dieser junge Mann, es ist dieser Julian, irgendwie kenne ich seinen Namen.“

Erzengel Chamuel ließ Leonie auf der Bank zurück und ersuchte sich Hilfe bei Erzengel Gabriel. „Sie spürt es, sie spürt diesen Mann, irgendwas hat ihr Inneres erreicht.“ Erzengel Gabriel schaute aus dem Fenster, sein Blick wanderte hinüber zu Leonie, die immer noch auf der Bank saß und die Augen geschlossen hielt. „Julian hat heute Morgen gebetet, er braucht Hilfe. Es ist nicht abwegig, dass sie ihn hört. Chamuel, du weißt, sie sind seelenverwandt. Sie haben eine tiefe Verbindung. Lass sie ziehen, sie muss zu ihm, sie muss Abschied nehmen und ihn freigeben.“ Vom Fenster aus beobachtete er, wie Erzengel Chamuel zur Bank zurückkehrte, sich neben Leonie setzte und ihr den Auftrag erteilte, sie solle ihrem Herzen folgen und diesem Mann neuen Lebensmut geben.

Es führte sie zu einer kopfsteingepflasterten Straße hinter einer Kurve, hohe Buchen zur linken und zur rechten Seite. An einer Ausbuchtung entdeckte Leonie ein kleines Kreuz aus Holz. Langsamen Schrittes näherte sie sich diesem Platz, ein seltsames Gefühl durchzog ihren Bauch. Sie fragte sich, warum ihr Herz sie genau an diese Stelle führte, sie konnte hier weit und breit keinen jungen Mann entdecken. Sie kniete sich nieder, vor dem Kreuz lagen frische Rosen, drei an der Zahl. Eine in gelb, eine in lachs und eine weiß-rosane. Als sie sanft über die Blütenköpfe strich, entdeckte sie ein Stück Papier unter den Rosen. Mit zittrigen Händen faltete sie das weiße Blatt Papier auseinander und begann zu lesen:

Ich habe es gespürt. Es war nicht die Art, wie er mich umarmt hat. Nein. Es war diese Art, wie ich ihn umarmt habe. Noch nie habe ich einen Menschen so eng an mein Herz gedrückt, als gäbe es kein Morgen, als gäbe es kein Wiedersehen, als wollte ich ihn halten. Halten, weil ich genau weiß, dass ich ihn irgendwann verliere.

Leonie spürte ein Mischmasch aus so vielen Gefühlen, die sie nicht zuordnen konnte, sie spürte so etwas wie Trauer, doch sie wusste nicht weshalb. Sie wollte weg von diesem dunklen Ort, denn hier schien es ihr nicht friedlich und sie sehnte sich danach, diesen jungen Mann zu sehen, dessen Name immer wieder in ihrem Inneren auftauchte. Julian.

An einem Teich, in dem sich das satte Grün der tiefhängenden Weiden widerspiegelte, traf ihr Blick auf einen jungen Mann, der angelehnt an den Holzstreben auf einer kleinen Brücke saß und seinen Kopf tief in seinen offenen Handflächen verbarg. Ganz vorsichtig trat Leonie näher. Ihr Herz wiegte von rechts nach links und da tauchte sie wieder auf, diese Melodie. Sie nahm gegenüber Platz und betrachtete diesen Mann. Er schien verzweifelt und weinte. Nach einer Weile hob er den Kopf und blinzelte in den Himmel, seine Augen zwinkerten, als er einen Sonnenstrahl streifte. Er sah ins Leere – er sah genau zu Leonie. Die Melodie verstummte und ihr Herz wurde ganz weit, als sie in diese Augen sah, in diese hellblauen Augen, die sie so tief zu kennen schien. Und mit einem Mal kehrte alles zurück in ihr Herz. Wer sie war, wer er war, wer sie beide waren. Ihr früheres Leben als Mensch spulte sich vor ihrem inneren Auge ab, binnen Sekunden durchlebte sie ihre Zeit als Mensch auf Erden. Doch so sehr sie sich auch anstrengte, sie kam einfach nicht an den Punkt, was zum Schluss passiert sein musste, sie verstand den Zusammenhang nicht, warum er da war und sie nicht.

Geh, Leonie, sei stark und geh durch den Schmerz, hörte sie Erzengel Chamuel in sich sagen. *Und gib ihn dann frei, das ist deine Mission. Höre auf dein Herz.* Die Stimme versiegte und Leonie spürte, es gab keinen anderen Weg, als hinzuschauen und ein mulmiges Gefühl verriet ihr, dass die Stelle mit dem Kreuz dabei eine Schlüsselrolle spielen sollte.

Es war Mittagspause, Punkt zwölf Uhr, Leonie und Daniela zogen sich in die kleine Küche des Blumenladens zurück und schlossen die Tür zum Ladenraum, in dem Viola, die Chefin, gerade mit einer Kundin sprach und ihr einen bunten Blumenstrauß aus Lilien, Rosen und Tulpen band. Es war ein heiß-schwüler Tag im Juli und Leonie war voller Übermut, als sie an das bevorstehende Wochenende, an zwei freie Tage dachte, die sie mit ihrem Julian verbringen wollte. „Sag mal, Leonie, seid ihr jetzt eigentlich so richtig zusammen?“ Daniela wusste nur zu gut um das Versteckspiel der beiden, sie war Leonie im Laufe der Zeit weit mehr als nur eine Kollegin geworden. Leonie angelte aus ihrer Umhängetasche ein belegtes Brot und ein paar Tomaten und lächelte vor sich hin. „Mein Gefühl sagt, wir sind zusammen. Gesagt haben wir es noch nicht, aber was bedeuten schon Worte.“

Nach der Mittagspause wurde der Laden ein wenig voller, der typische Freitagsverkehr war auf den Straßen unterwegs und wo viele Passanten sind, sind auch viele Käufer. Leonie war mit ihren Gedanken schon im Feierabend und bei Julian. Sie malte sich gerade aus, wie sie heute noch in seinen Armen liegen könnte, vielleicht im Garten auf der Wiese am großen Fliederbusch oder ganz gemütlich in seinem Bett vor dem Fernseher. Sie sehnte sich nach seiner Nähe, nach seinen vertrauten Armen, nach seinen starken Armen, in denen sie sich geborgen und geschützt fühlte. Behutsam band sie einen Strauß bunter Wildblumen zusammen, dies sollte ein kleiner Hochzeitsstrauß werden. Ein Gefühl der Vorfreude zog ihren Bauch weit zusammen, als sie daran dachte, wie er sie eines Tages heiraten würde. Es war so laut in ihr, diese Vorstellung, dass sie die Worte ihrer Chefin erst gar nicht vernahm. „Leonie, wo bist du mit deinen Gedanken?“ Nun schaute sie auf, nun schaute sie von ihrem Hocker aus hoch zu Viola, die mit ihrer roten Handtasche unter dem Arm und ihrem Blazer um die Schultern vor ihr stand. „Ich muss los, wir haben zwei Aufträge reinbekommen, ich habe soeben mit Daniela gesprochen und möchte auch dich bitten, heute länger zu machen. Ich muss zu einem unserer Großkunden rausfahren und hier brennt ein eiliger Auftrag für eine

Beerdigung. Wir brauchen zehn Blumenkränze bis heute Abend.“ Viola schaute nervös auf ihre Armbanduhr, vernahm noch das wortlose Nicken von Leonie und dann schnellte die Ladentür ins Schloss. „Feierabend ade“, seufzte Leonie mürrisch, rollte genervt mit den Augen und stellte den fertigen Hochzeitsstrauß in eine Vase mit frischem Wasser.

Um viertel nach fünf erfreute sich Leonie seit langem Mal wieder über das Schellen der Eingangsglocke. Noch nie hatte ihr der Anblick ihrer Chefin soviel Freude ins Gesicht gezaubert wie heute, denn dies war ihr Startschuss ins Wochenende. Viola begutachtete die fertigen Kränze, die Daniela und Leonie im Schweiße ihres Angesichts gebunden hatten und verabschiedete ihre Mädels mit einem zufriedenen Lächeln.

Als Leonie die Einfahrt ihres Elternhauses erreichte, war der Himmel bereits tiefschwarz. Ihr Shirt klebte nicht nur von dem langen Arbeitstag, sondern vor allem aufgrund dieser erdrückenden, tropischen Schwüle. Ehrlich gesagt, dachte sie jetzt erstmal nur an eine gründliche Dusche, dennoch registrierte sie beiläufig, dass der Stellplatz auf dem Nachbargrundstück frei war und Julian somit mit seinem Wagen unterwegs sein musste. Sie ließ ihre Tasche auf den Treppenabsatz gleiten, schlüpfte aus ihren Ballerinas und hinterließ kleine, feuchte Fußabdrücke auf dem Weg hoch ins Badezimmer. Nach einer ausgiebigen, lauwarmen Dusche tapste sie mit einem großen Badehandtuch um den Körper in ihr Zimmer. Eine Hitze schlug ihr entgegen, in ihrer Eile heute Morgen hatte sie sogar vergessen, die Gardine nach dem Lüften wieder vorzuziehen. All das wurde schnell zur Nebensache, als sie den Briefumschlag mit dem kleinen Notizzettel von Julian entdeckte, angelehnt an den Teddybären auf ihrem Kopfkissen. Adrenalin schoss durch ihren Körper als sie seine Zeilen las, jetzt wusste sie auch, warum der Stellplatz unten leer war. Ohne nun weiter Zeit zu verlieren oder darüber nachzudenken – schon gar nicht über irgendwelche Wetterverhältnisse – wühlte sie in den Urtiefen ihres Kleiderschranks, zog sich an, band ihren Schmuck um, richtete ihre Haare so gut es ging und hinterlegte ihren Eltern, die gerade den Wocheneinkauf erledigten, noch einen Zettel, damit sie sich keine Sorgen machten.

Schon saß Leonie in ihrem kleinen, roten Auto, ihr Hosenboden wollte schon wieder am heißen Ledersitz festkleben, doch auch das störte sie in diesem Moment nur gering. Sie freute sich auf die Überraschung, sie freute sich auf seine Geste und am allermeisten freute sie sich auf ihn. Auf den Mann, den sie aus tiefstem Herzen liebte. Begleitet von einem lauten Donnergrollen schlug sie den Wagen nach links, in die Straße, die geschlängelt über ein paar Kurven zum Parkplatz inmitten des Buchenhains führte. Nicht eine Sekunde hatte sie gezögert, nicht eine Sekunde hatte sie überlegt, ob es bei diesem Wetter überhaupt Sinn machte, zu einem See zu fahren. Angetrieben von der Freude und Lust, Julian zu sehen, wurde ihr das Wetter vollkommen zur Nebensache.

Es blitzte, es donnerte, es regnete dicke Tropfen, die Leonie trotz Scheibenwischer alle Sicht nahmen. Sie hätte anhalten müssen, doch auf dieser schmalen Einbahnstraße wollte sie nicht riskieren, dass ihr jemand hinten auffahren könnte, somit krallte sie sich mit beiden Händen fest an ihr Lenkrad und fuhr im langsamen Tempo die kurvigen Straßen entlang. Diesmal zauberten die Buchen kein schönes Wechselspiel aus Licht und Schatten, diesmal war alles eine einheitliche Suppe aus Schwarz und Dunkel. Leonie sprach sich Mut zu, ein greller Blitz erhellte den Himmel, ein mächtiger Donnerschlag hinterher und dann krachte der Stamm einer dicken, alten Buche auf die Windschutzscheibe ihres Wagens.

Leonie zuckte zusammen, als sie das allerletzte Bild von sich vor Augen sah und fühlte, wie ein tiefer Schmerz sich in ihrem Herzen ausbreitete.

Das war es also, sie hatte einen Autounfall, der ihr an jenem Tag das Leben nahm. Sie hatte keine Gelegenheit mehr, ihren Julian zu sehen, er hatte keine Gelegenheit mehr, seine Leonie zu sehen. Das Schicksal hatte sie jäh getrennt, zwei Liebende, zwei Seelen, die zusammengehörten. Sie hatten nicht die Möglichkeit, Abschied zu nehmen, sie hatten nie die Gelegenheit, diese drei Worte vor dem anderen auszusprechen, auch wenn sie dies innerlich schon tausendmal getan hatten, auch wenn das innere Versprechen schon längst erfüllt und vollzogen war.

Der Anblick, als Julian in der Einfahrt seines Elternhauses zusammenbrach und anschließend in ein mehrwöchiges Koma fiel, tat ihr noch um einiges mehr weh und hier beendete Leonie ihre Innenschau. Erzengel Chamuel nahm sie in Empfang, hüllte sie ein in Trost und Licht und ließ seinen kleinen tapferen Engel weinen, so lange, bis es ihr etwas besserging. „Du musst ihn freigeben, Leonie“, sprach er ihr zu, „eure Seelen werden immer verbunden bleiben, aber du musst ihn emotional loslassen. Er hat gebetet, ein neues Leben zu beginnen, er möchte endlich Abschied nehmen – doch er braucht deine Hilfe. Beende die Mission.“

Kapitel 9: Streifzüge durch ein Erdenleben

Vorsichtig trat Leonie in das Haus der Familie Nording. Sie wusste, nun konnte sie niemand sehen, nun, da sie ein Engel war, konnte sie durch Wände gehen und musste nicht klingeln, musste nicht schließen. Doch was hätte sie in diesem Moment darum gegeben, wieder die Leonie aus Fleisch und Blut zu sein, um sich fest und innig an diesen Mann zu drücken, um ihm aus voller Seele von Angesicht zu Angesicht das zu sagen, was sie in ihrem Herzen spürte, wovor sie ein Leben lang immer nur weggerannt war. Und dann, als es soweit war, endlich, dann hat sie das Schicksal getrennt, dann hat das Schicksal einfach entschieden, dass diese Geschichte hier zu Ende sei.

Es war ihr alles so vertraut, Julian lag auf seinem Bett und döste vor sich hin, die dunkelblaue Gardine war zugezogen und ließ nur wenig Abendlicht in das Zimmer. Das Zimmer sah aus wie immer, nur die Wand über seinem Bett, die hatte sich verändert. Leonie bemerkte, dass Julian sämtliche Fotos von ihr aufgehängt hatte. Es mischten sich Fotos aus der Kindheit mit Fotos aus der Jugend neben ein paar schönen, gemeinsamen Fotos, die aus der jüngsten Zeit stammten. „Ach Julian", seufzte Leonie und legte sich ganz behutsam zu ihm. Sie wollte einfach nur bei ihm sein, sie wollte einfach nur noch aufwachen und wieder Mensch sein, sie wollte von ihm wahrgenommen und gesehen werden, sie wollte berührt und begehrt werden. Sie wollte leben. Für einen Moment vergaß sie fast, dass sie ein Engel war und eine Mission zu erfüllen hatte, für einen Moment lebte sie ein Leben, das es nicht mehr gab.

Sie blieb die ganze Nacht, sie hüllte ihn ein in ihre Flügel und hielt ihn warm. Im Schlaf hat er ihren Namen laut ausgesprochen begleitet von einem Lächeln auf den Lippen. Leonie blieb in seinem Zimmer, als Julian schon längst auf dem Weg zur Arbeit war. Sie hoffte, in seinem Zimmer etwas zu finden. Ihre Ausdauer wurde belohnt, in seiner Nachttischschublade wurde sie fündig. Mit beiden Händen drückte sie den heißgeliebten Umschlag an ihren Bauch. *Er hat ihn zu sich genommen, er hat es wirklich getan,* Leonie öffnete den Umschlag ...

Unausgesprochene Worte

Unausgesprochene Worte in meinem Herzen
rauben mir den Schlaf.

Unausgesprochene Worte aus meinem Herzen,
die ich nicht sagen kann,
füllen mich aus.

Unausgesprochene Worte von meinem Herzen
gelangen zu deinem Herzen.

In irgendeiner Form werden sie dich erreichen,
in irgendeiner Form wirst du sie fühlen,
jene Worte,
bestimmt für den einen,
für den einen,
dem ich es nicht sagen kann.

Unausgesprochene Worte schweigen
in deinen Armen,
wenn ich dir nah sein darf
und alles Reden überflüssig ist.

Unausgesprochene Worte bahnen sich den Weg,
hinweg über alle Hindernisse und Moralvorstellungen,
fast ohne Verstand und Sinn.

Und dennoch hat das alles seinen Sinn.
Denn das Herz hat immer seinen Sinn.

Unausgesprochene Worte ist wie
Schreien ohne Ton.
Und dennoch habe ich das feste Gefühl,
dass du da bist, mir zuhörst und mich verstehst.

Unausgesprochen. Still. Ganz ohne Worte.
Von Herz zu Herz.

Ich liebe dich.

Hafen

Ich stehe dir gegenüber
und bin nur einen Herzschlag
entfernt von der Wahrheit.

Dir zu sagen,
was ich fühle,
dir alles einfach zu sagen.
Deine Hand an mich ran zuziehen.
Und sie nicht mehr loszulassen.

Doch ich stehe dir gegenüber.
Und alles, was zu dir spricht
ist mein Herz.
Ist meine Seele.
Wortlos. Still.
Aber ganz und gar nicht unbemerkt.

Energien fließen.
Energien bahnen sich ihren Weg.
Energien und Gefühle tiefster Liebe
finden ihren Hafen.

Und dort, geliebter Seelenbruder,
dort ist unsere Heimat.
Dort sind wir uns nah.

Vereint ohne Trennung.
Verschmolzen ohne Lücke.

Meine Liebe erreicht dich.
Immerzu.
Ein Herz im Fluss
erreicht seinen Empfänger.
Von Herz zu Herz.

Ich liebe dich.

Leonie erinnerte sich genau, wann sie diese beiden Gedichte geschrieben hatte. Ein Gefühl von Fernweh machte sich in ihr breit, auf einmal sah sie das Meer vor sich, vernahm das vertraute Rauschen der Wellen, das Kreischen der Möwen, schmeckte die salzige Luft auf ihrer Zunge, spürte den klaren Wind in ihrem Gesicht und fühlte eine Geborgenheit, die sie immer schon am Meer empfunden hatte.

Julian stand im Alter von achtzehn Jahren beruflich an einem Scheideweg. Da er noch nicht wusste, welche Richtung er einschlagen wollte, kam ihm der Vorschlag seines Kumpels Lukas gelegen, mit ihm zusammen für acht Wochen auf einem Kreuzfahrtschiff anzuheuern, so eine Art Work & Travel. Lukas hatte zu jener Zeit eine feste Freundin, Silvana, und sie wollte die beiden Jungs mit ihrem Wagen nach Rostock fahren, wo das Schiff seinen Heimathafen hatte. Da sich die vier gut verstanden und Silvana auch eine ehemalige Schulkameradin von Leonie war, vereinbarten sie, alle gemeinsam nach Rostock zu fahren. „Was haltet ihr von einer Nacht am Lagerfeuer?“, warf Lukas den einen Tag in den Raum, „wir haben Anfang September, geiles Wetter und könnten die Reise so richtig anklingen lassen.“ Leonie spürte, dass sie leicht rot wurde, als die Szenerie vor ihrem Auge zu einem lebhaften Bild wurde. Da Lukas und Silvana schon oft gezeltet haben und den Campingplatz in Rostock bereits kannten, stimmten Leonie und Julian schließlich mit ein.

„Fahrt bitte vorsichtig und Silvana, hab bitte ein Auge auf meine Leo, dass sie nicht gleich mit an Bord geht“, lächelnd und winkend standen die beiden Mamas in der Einfahrt und sahen dem Wagen noch so lange hinterher, bis er am Ende der verkehrsberuhigten Straße auf die Hauptstraße abgebogen war. Nach einer gut zweistündigen Autofahrt erreichten sie den Campingplatz. Sie hatten sich einen Platz ergattern können, der nur etwa fünfzig Meter vom Meer entfernt war, die Jungs machten sich, kaum angekommen, daran, die beiden Zelte aufzubauen. Leonie und Silvana kümmerten sich um das leibliche Wohl und wollten einen Supermarkt ausfindig machen, um sich für den Grillabend auszustatten. Mit Baguette-Stangen, Grillwürstchen, Steak, Kartoffelsalat, Bier und Brause kehrten sie zurück und fanden zwei leere Zelte vor. „Die sind sicher am Wasser", zwinkerte Leonie zu Silvana, während sie den Einkauf bei diesen warmen Temperaturen zuallererst in die mitgebrachte Kühlbox verstauten. „Klar, der lauteste ist meiner", Silvana zeigte mit ausgestrecktem Zeigefinger zu dem langen Holzsteg, von dem gerade ein junger Mann einen Köpper in die Ostsee machte. Es waren sommerliche fünfundzwanzig Grad, purer Sonnenschein und der Strand war voller Kinder und Jugendlicher, die in den leichten Wellen badeten oder kleine Kleckertürmchen bauten. Leonie ärgerte sich soeben grün und schwarz, keinen Bikini mitgenommen zu haben, Silvana war bereits auf dem Weg, um ihrem Lukas entgegen zu schwimmen. Julian schaute zu Leonie herüber und spritzte ihr einen Schwall Wasser an die Beine. Das ließ sich Leonie nicht gefallen, eine Ladung Wasser landete in seinem Gesicht, begleitet von einem frechen Kichern. Leonie konnte gar nicht so schnell gucken, da hat er sie schon zu sich ins Wasser gezogen, einfach so mit ihren Shorts und T-Shirt. Erst wollte Leonie lautstark protestieren, doch dann bemerkte sie, wie herrlich erfrischend das Wasser war nach dieser langen Autofahrt ohne Klimaanlage und alberte einfach nur ausgelassen rum mit Julian, wie früher, als sie an heißen Sommertagen die Nachmittage im Planschbecken oder unter dem Rasensprenger verbrachten. Für einen Moment vergaß sie ihre Vorsicht ihm gegenüber, die sie immer hemmte, wenn sie ihm sehr nahe war. „Ich hoffe, du hast noch eine zweite Garderobe bei", scherzte Silvana, als die vier wieder auf dem Weg zum Zelt waren. „Und wenn nicht, ist es auch nicht so schlimm, oder?", mit einem breiten Grinsen schaute Lukas zu Julian rüber.

Es war ein milder Spätsommerabend mit ruhiger See. Der Vollmond tauchte hinter den Baumwipfeln hervor und Leonie sah inmitten eines lebhaften Gesprächs hoch an das Firmament. In diesem Moment wusste sie einfach, dass er die gleichen Sterne sehen würde, egal wie viele Kilometer sie trennen sollten, in diesem Moment, wenn er in den Himmel schaute, würde er das gleiche Bild sehen, den gleichen Mond, der mal dick und mal dünn am Himmelszelt umherwandert. Dies war ihr an jenem Abend ein Trost, dies war ihr ein schönes Gefühl der Verbundenheit.

Die Kohle glühte noch leicht vor sich hin, als Lukas und Silvana sich in ihr Zelt verabschiedeten. Es war nach Mitternacht, sie hatten allesamt viel gegessen, viel gelacht, viel erzählt und umso später der Abend, umso mehr Bier hatte Julian nun auch in sich. Leonie beobachtete, wie er langsam alberner wurde und mit der Albernheit kam auch seine Müdigkeit. Leonie war die einzige, die noch munter schien, dennoch wollte sie Julian nicht stören und krabbelte auch in ihren Schlafsack und löschte das Licht der Taschenlampe. Schon nach kurzer Zeit konnte sie das gleichmäßig leise Schnarchen von Julian vernehmen. Eine Träne rollte über ihre Wange. Und sie wusste in diesem Moment nicht mal, ob dies eine Träne war, weil er ab dem nächsten Tag zwei Monate unerreichbar sein würde, oder ob diese Träne geweint wurde, weil sie sich erhofft hatte, er würde ihr doch noch ein wenig näher kommen an diesem Abend kurz vor seiner Abfahrt. Sie entschied, dass dies eine Mischung aus beiden Gefühlen sein musste und versuchte, sich nun kleine, weiße Schäfchen vorzustellen, doch kein einziges Schaf half ihr in dieser Nacht, in den Schlaf zu finden.

Mit einer Kuscheldecke um die Hüften krabbelte sie aus dem Schlafsack, der ihr sowieso in dieser Nacht viel zu warm war, schnappte sich ihren Rucksack und zog ganz vorsichtig und so leise wie möglich den Reißverschluss des Zeltes auf. Sie musste an die frische Luft, sie konnte da nicht neben ihm liegen und darauf warten, dass es Morgen wurde. Mit ihren nackten Füßen lief sie am Strand entlang, es war ruhig in dieser Nacht, es brannten nur noch ein paar Lichter weiter weg in vereinzelten Campingwagen. Leonie betrachtete die glatte Wasseroberfläche, der Mond schien auf das Wasser und spiegelte sich darin. Die milde Sommerluft war eine anregende Komposition aus Wildblumen, einer salzigen Meeresbrise und einer frischgemähten Wiese. Leonie atmete tief ein und empfand eine grenzenlose Freiheit hier am Meer. An keinem Ort fühlte sie sich mehr geerdet, an keinem Ort ließen sich ihre Akkus besser aufladen.

Leicht seufzend ließ sie sich auf ihrer Kuscheldecke im Sand nieder. Begleitet von einer schweren Melancholie schien ihr Herz in jener Nacht noch lauter diesen einen Namen zu schreien. Sie wollte Julian an sich ran ziehen, sie wollte ihm all diese Dinge sagen, die seit Jahren beständig in ihrem Herzen tanzten – Worte, Gefühle, die immer lauter wurden, die immer mehr nach Ausdruck suchten. Wenn sie dann ihren Freundeskreis betrachtete, wie viele Pärchen sich da schon gefunden – aber auch wieder getrennt – hatten, dann kam sie sich vor wie eine kleine, graue Maus oder eine Schildkröte, die ihren Kopf tief in ihrem Panzer versteckt hielt, um ja nicht von der Welt verletzt zu werden. Ihre Schüchternheit, ihre eigene Angst – sie fragte sich manchmal wovor überhaupt – stand ihr im Wege und war selber ihr ärgster Feind.

Unter dem Lichtkegel einer orange leuchtenden Laterne zog Leonie ihren Notizblock aus dem Rucksack hervor und schrieb einfach das nieder, was ihr auf dem Herzen lag. In dieser Nacht verfasste sie die beiden Gedichte, die genau ihre Gefühle beschrieben, die sie für Julian empfand. „Nicht erschrecken“, eine vertraute Stimme riss sie aus ihrer Gedankenwelt, aus Reflex hielt sie den Notizblock schnell an ihren Bauch, so dass man ihre Worte nicht erkennen konntc. Es war Julian, der hinter ihr stand, der aufgewacht war und sie in dem leeren Zelt vermisst hat. „Ich muss mal“, sagte er, verschwand kurzerhand hinter einem Busch und kam dann wieder. *Kein Wunder nach dem vielen Bier*, dachte sich Leonie mit einem leichten Lächeln auf den Lippen, den Block ließ sie sicherheitshalber tief in ihrem Rucksack verschwinden. „Was machst du hier, ich habe mich eben erschrocken, als du nicht mehr neben mir lagst.“ Sogar in der Dunkelheit konnte sie das Hellblau in seinen Augen erkennen. „Ich konnte nicht schlafen, ich musste an die frische Luft.“ „Kann ich verstehen, es ist echt schön hier am Meer“, er kratzte sich verlegen am Nacken, wusste nicht so recht, wie er mit dieser Situation umgehen sollte. Minutenlang saßen sie nur nebeneinander, schauten schweigend auf das Wasser und jeder hing seinen Gedanken nach. Dann sprudelte es aus beiden gleichzeitig heraus, da mussten sie lachen, das hatte das Eis wieder gebrochen. „Hast du dein Smartphone dabei?“ „Warum?“, fragte sie, doch das Nicken hatte ihm schon ausgereicht, mit seinen Händen tastete er in ihrem Rucksack rum und zog die Lederhülle hervor. Leonie schaute zu und ließ ihn einfach machen. Ein paar Klicks und dann ertönte ein Lied. Sie mochte das Lied, sie mochte das Lied sehr. Und nach dieser Nacht mochte sie dieses Lied noch mehr. Er stellte die Musik so laut es ging, zog sie hoch zu sich und nahm sie einfach in seine Arme. Ganz leicht lehnte sie sich an seine nackte Brust, lehnte ihre Stirn an seine Schulter an. Seine Hände ruhten zart auf ihrem Rücken. Das Lied dauerte nur drei Minuten, doch für Leonie bedeuteten diese drei Minuten einen Moment für die Ewigkeit.

Der Morgen darauf war ein Mischmasch aus allem, Lukas machte ein wenig Hektik, weil Julian nicht in die Gänge kam und Leonie wirbelte mit Silvana rum, räumte alle Sachen beisammen und verstaute das Gepäck in den Kofferraum. Dann saßen die vier auch schon wieder im Wagen und fuhren los, das kurze Stück vor zum Hafengelände. Leonie fasste sich an ihre Kette mit dem Engelsflügel, sie fühlte einen dicken Kloß in ihrem Hals. Und dann wieder hüpfte ihr Herz, als sie an den zärtlichen Tanz mit Julian dachte.

Es blieb keine Zeit für Sentimentalitäten, am Hafengelände angekommen, reihten sich die beiden Jungs in eine lange Schlange ein, um sich anzumelden und die Formalitäten abzuwickeln. Leonie und Silvana hielten sich im Hintergrund und warteten am Kai. Das Kreuzfahrtschiff, ein mittelgroßes weiß-blaues Schiff namens „Aquamarin“ stand schon bereit, die ersten Passagiere gingen bereits an Bord. „Ein komisches Gefühl, oder?“, Silvana spicltc nervös an ihrem Ring und Leonie stimmte wortlos zu.

Lukas nahm Silvana beiseite und Leonie schaute peinlich berührt weg, als sie sah, wie innig sie sich küssten. Julian nahm seine Leonie in den Arm, Leonie drückte sich fest an ihn. Sehr fest. Sie drückte ihr Herz so fest an seins, als wollte sie ihn nicht mehr gehen lassen. Und doch war er eine Minute später auch schon an Bord und das Letzte, was ihr vorerst blieb, war, ihm noch einmal zuzuwinken und sein Lächeln für zwei Monate im Inneren zu bewahren.

Als das Schiff am Horizont verschwunden war

und die beiden Richtung Parkplatz liefen, spürte Silvana, dass etwas nicht stimmte. „Magst du reden?“, fragte sie vorsichtig und zog ein Taschentuch aus ihrer Handtasche hervor. Silvana steuerte zielgerichtet auf eine Bank zu, die abseits des Trubels lag, wo sie meinte, hier könnte ihre Freundin erstmal durchschnaufen. „Man könnte meinen, ihr seid ein Liebespaar, bei deinen Tränen“, Silvana versuchte, Leonie ein kleines Lächeln zu entlocken. Nach ein paar Minuten der Stille, Leonie starrte auf eine vor sich hinplätschernde Wasserfontäne, fasste sie sich ein Herz. Eigentlich mochte sie es nicht besonders, über ihre tiefsten Gefühle zu sprechen, vor allem, weil das Chaos in ihrem Inneren manchmal selber so schwer zu fassen war. Dennoch lag ihr etwas wie Blei auf dem Herzen und Silvana hatte das alles eh schon durchschaut.

„Ich liebe ihn.“ So wollte Leonie eigentlich nicht anfangen, doch das rutschte ihr so heraus. „Ich liebe ihn schon sehr lange, doch irgendwie kann ich es ihm nicht sagen und manchmal will ich es mir selber nicht eingestehen. Ich habe es heute wieder gemerkt, wie ernst meine Gefühle sind, und dass das alles wahr ist.“ Silvana saß ihr gegenüber, ein wenig baff, denn bis jetzt hatte sie immer geglaubt, die beiden wären der beste Beweis, dass Freundschaften zwischen Männern und

Frauen doch noch klappen können. Oder dass die beiden das beste Geschwisterpaar abgeben könnten, gerade weil ihre Freundin immer wieder betonte, dass sie in ihm so etwas wie einen kleinen Bruder sehe. Nun brauchte Silvana einen Moment der Ruhe, um das innere Bild der beiden neu zu sortieren. „Aber", fuhr sie dann fort, „warum bist du denn jetzt so traurig, ich meine, dein Julian kommt doch in zwei Monaten wieder?" Leonie schaute zu Boden, kaute nun nervös an ihren kurzen Fingernägeln. „Ich hatte heute Nacht einen Alptraum, dieser Traum hätte mir fast die Luft abgeschnürt. Ich träumte, dass ich mich von oben beobachtet habe, wie ich durch einen tiefen, dunklen Wald geirrt bin und nicht mehr rausgefunden habe. Das war so erdrückend und ich habe Angst. Ich habe einfach Angst." Leonie schnaubte in ihr Taschentuch, den Rucksack drückte sie fest an ihren Bauch.

Leonie bemerkte im Rückblick den Zusammenhang, ihre dunkle Vorahnung, die in jener Nacht sich als Traum bemerkbar machte. Ihre Zeilen mit der Umarmung kamen nicht von ungefähr, irgendwie musste sie gespürt haben, welchen Verlauf ihr Leben nehmen sollte. An jenem Abend, als sie von Rostock heimkehrte, verfasste sie diese Zeilen, die Julian später an ihre Unglücksstelle legte:

Ich habe es gespürt. Es war nicht die Art, wie er mich umarmt hat. Nein. Es war diese Art, wie ich ihn umarmt habe. Noch nie habe ich einen Menschen so eng an mein Herz gedrückt, als gäbe es kein Morgen, als gäbe es kein Wiedersehen, als wollte ich ihn halten. Halten, weil ich genau weiß, dass ich ihn irgendwann verliere.

Leonie angelte aus dem Briefumschlag einen kleinen Notizblock, den sie zu damaliger Zeit als Tagebuch nutzte. Hier schrieb sie aus dem Stehgreif Dinge auf, die sie bewegten, nicht täglich, nicht konsequent, aber immer dann, wenn sie das Gefühl hatte, sie müsse etwas festhalten oder etwas in sich klären. Etwas, das sie von Angesicht zu Angesicht nicht konnte, da sie es in ihrem Inneren verschlossen hielt.

Heute war ein schöner Tag. Heute kehrte die Sonne zurück. Als Mama an meine Tür klopfte, um mich zu wecken, war ich bereits wach. Das passiert mir nach einer langen Arbeitswoche eher selten, manchmal werde ich nicht mal von dem Klopfen wach oder schlafe einfach wieder ein, so eine Schlafmütze bin ich. Aber heute Morgen war das anders, denn nach acht Wochen ohne Julian, sollte er endlich von seiner Kreuzfahrt zurückkehren. Für die Rückfahrt wollten die beiden Jungs sich ein Bahnticket nehmen und seine Eltern wollten sie vom Bahnhof abholen. Ich habe mich so gefreut, es war, als würde ein verlorenes Familienmitglied heimkommen, oder als würde sich das letzte Puzzleteil einfügen, das noch gefehlt hatte, um ein fertiges Bild abzugeben. Doch nach acht Wochen ohne ihn kann ich auch sagen, er war nie wirklich weg. Klar, durch die vielen WhatsApp, die wir uns geschrieben haben oder die gesendeten Fotos waren wir ja immer in Kontakt. Aber das ist es nicht allein. Er ist einfach da, ich spüre ihn, egal, ob er gerade neben mir sitzt oder Meilen entfernt ist. Er könnte wahrscheinlich sogar auf dem Mond leben – ich würde spüren, wie es ihm geht. Warum auch immer.

Ich war so nervös, als es heute Nachmittag an unserer Haustür klingelte. Ich war gestern extra nochmal beim Friseur und hab mir die Haare ein wenig stufen lassen, ich hoffe, dass es ihm gefällt. Aber ich glaube, das ist ihm heute gar nicht aufgefallen. Als ich die Tür geöffnet hatte, hätte ich die ganze Welt umarmen können, so schön war es. Wir sind in den Garten, meine Eltern sind heute zu meinen Großeltern gefahren und ich war froh, das Haus für uns allein zu haben. Ich hatte gestern noch eine Himbeer-Mascarpone-Torte vorbereitet, so als kleine Willkommens-Überraschung. Ich war erst ein wenig gehemmt und schüchtern, ich konn-

te ihm nicht mal so richtig in die Augen schauen. Wir entschieden uns dazu, den Kuchen auf einer Decke im Garten zu essen, unter dem Fliederbusch, der zu dieser kühlen Jahreszeit aber leider nicht mehr blühte. Aber ich liebe diesen Platz. Julian hat mir heute soviel erzählt, ich saß ihm einfach nur gegenüber und war versunken in seiner Stimme und seinen Erzählungen, die ich mir so bildhaft vorstellen konnte.

Ich hatte mit gar nicht mehr gerechnet, ehrlich gesagt, aber irgendwann zog er aus seiner Hosentasche sein Portemonnaie und meinte dann, ich soll meine Augen schließen und meine Hand öffnen. Ich fühlte etwas in meiner linken Handfläche und öffnete dann meine Augen. Julian hat mir einen silbernen Schlüsselanhänger mitgebracht, in der Form eines Ankers. Ich schaute in seine Augen und manchmal bedarf es gar keiner Worte, manchmal ist das Gesagte einfach unnötig oder Zuviel. Ich schaute in seine geliebten Augen und wusste, was er mir damit symbolisch sagen wollte. Ich war gerührt und konnte dann auch nichts sagen, aber auch das wird er verstanden haben. Denn wenn ich ihn verstehe, dann versteht er mich doch auch, glaube ich.

Leonie klappte den Notizblock, das improvisierte

Tagebuch, an dieser Stelle zu und ließ ihre Augen über die fotobehangene Wand schweifen. Als ihr die Bilder von einem Ausflug zum See ins Auge stachen, schoss es ihr auf einmal in den Sinn, was Julian ihr wohl an jenem Nachmittag mitteilen wollte, was in diesem Briefumschlag steckte, der auf ihrem Kopfkissen ruhte. *Ob er ihn noch hat*, fragte sie sich neugierig und öffnete noch einmal seine Nachttischschublade, in der Hoffnung, hier erneut fündig zu werden. Da die Schublade aber ohne ihren dicken Umschlag doch recht übersichtlich war, ein paar Kugelschreiber, eine Packung Taschentücher und ein eine angebrochene Tüte Hustenbonbons, konnte sie hier schnell die Suche beenden. „Hm, wo könnte Julian noch eine Liebesbotschaft aufbewahren“, laut denkend durchsuchte sie sein Zimmer und kam sich dabei ein wenig hinterhältig vor. Aber bevor sie sich emotional von ihm befreite, bevor sie endgültig Abschied nahm, musste sie es wissen, es ließ ihr nun keine Ruhe mehr. Auf seinem Schreibtisch vor dem Fenster stand ein Foto in einem dunkelblauen Holzbilderrahmen, dies war ein schönes gemeinsames Bild von ihnen, aufgenommen von Silvana, als sie in Rostock waren. Sie saßen beide am Strand, im Hintergrund das Meer, Julian hatte seinen Arm um Leonie gelegt und umgekehrt. Es war ein Bild, auf dem man nicht erkennen konnte, in welcher Beziehung die beiden zueinanderstanden, dennoch hatte es eine wunderschöne Aura und strahlte eine Vertrautheit aus. Leonie streichelte zärtlich über sein Gesicht und stellte den Rahmen wieder an seinen Platz, da bemerkte sie dahinter eine kleine Schmuckschatulle und einen cremefarbenen Briefumschlag. Da der große Rahmen das zuvor verdeckt hatte, konnte sie es von weiter weg nicht erkennen. Leonie nahm sich die beiden Utensilien und setzte sich auf die Bettkante. Mit zittrigen Händen öffnete sie den Umschlag und holte einen zweimal gefalteten, weißen Briefbogen heraus. Mit einem dicken Kloß im Hals las sie seine Zeilen:

Liebe Leonie,

wir kennen uns beide fast ein ganzes Leben lang. Du hast die Welt schon ein Jahr länger als ich erleben dürfen – ich durfte immer so etwas wie ein kleiner Bruder für dich sein. Du hast mich an die Hand genommen und mir deine bunte Welt gezeigt, in den Farben, die so vielfältig sind wie dein zauberhaftes Wesen und deine Aura, die dich einfach zu einem einmaligen Menschen machen. Keine Worte dieser Welt können dieses Gefühl beschreiben, das ich in mir, in meinem Herzen fühle. Und ich möchte auch, dass du es einfach nur spürst und dich immer wieder diesem Gefühl hingibst. Ich bin dein Hafen, wenn du dich mal wieder ver-

läufst und dein zu Hause suchst. Ich bin deine Heimat. Und werde es immer für dich sein. Ich liebe Dich.

Dein Julian.

Tränen rollten über ihre Wangen und wollten nicht versiegen. Dieser Brief hinterließ in ihr die Gewissheit, dass er an diesem Tag um ihre Hand anhalten wollte. Es klang wie ein Versprechen. Leonie nahm vorsichtig die kleine rote Schmuckschatulle in die Hand und wusste eigentlich schon vorher, was sich darin verbarg. Ein zarter Verlobungsring lag in ihrer Handfläche, doch anstecken wollte sie ihn nicht mehr. Er gehörte der Leonie aus Fleisch und Blut und nur sie sollte ihn tragen. Sie wollte schreien, sie wollte ausrasten, doch all das war ihr jetzt auch keine Lösung mehr. Und dennoch schmerzte das alles so sehr in ihr. Ihr Herz fühlte noch genau dasselbe wie in ihrem Leben als Mensch, all die Sehnsüchte, all diese tiefen Gefühle, diese Verbundenheit, all das war immer noch da. Nur war sie nicht mehr Mensch. Sogar als Engel waren ihr die Hände gebunden, wenn es um das Schicksal, wenn es um die Bestimmung ging und nichts konnte sie jetzt noch daran ändern.

Julian kehrte spät heim und Leonie fragte sich, wo er wohl noch gewesen sein mag. Er setzte sich, kaum zu Hause angekommen, an seinen Schreibtisch und zog ein paar Unterlagen aus seinem Rucksack. Als er nach unten ging, um mit seinen Eltern Abendbrot zu essen, wagte Leonie einen Blick auf seinen Schreibtisch. Es handelte sich um einen Reiseführer aus Dresden. „Hm, Dresden“, überlegte Leonie laut und wusste sich keinen Anhaltspunkt. Nichts, was sie mit ihm verband, hatte je mit Dresden zu tun gehabt.

Nach dem Essen ließ er sich diesmal nicht auf sein Bett nieder, nein, er ging direkt zu seinem Kleiderschrank, schaute in den übersichtlichen Inhalt und zog sich dann eine dunkelblaue Jeans an und knüpfte sich ein weißes Hemd zu. Leonie erkannte ihren Julian kaum wieder und fragte sich, wohin er an einem Abend unter der Woche noch gehen wollte. Als es kurze Zeit später an der Haustür klingelte und Leonie ein Klacken auf dem Parkett im Erdgeschoss vernahm, wusste sie, dass es sich um Damenbesuch handeln musste. Die Schritte kamen hörbar näher und dann wurde Leonie ganz still.

„Jasmin, schön, dich zu sehen“, mit einer offenen Geste ließ er die junge Frau in sein Zimmer eintreten. Mandelförmige, dunkle Augen, schwarzes, glattes schulterlanges Haar – ein südländischer Typ. Sie trug ein körperbetontes, weißes Shirt, an dem sich eine kurvige Figur abzeichnete. Leonie schätzte sie älter als Julian, so etwa auf Anfang dreißig. Auch wenn sie äußerlich ein ganz anderer Typ war als Leonie, das seltsame Gefühl in ihrem Inneren wollte dadurch nicht besser werden. Jasmin öffnete ihre Handtasche und zog ein paar Unterlagen heraus. „Ich bin gerade mit meinen Kollegen hier in der Gegend unterwegs und da dachte ich, ruf ich mal kurz durch und bring dir persönlich ein paar Wohnungsanzeigen vorbei, die ich vorhin noch schnell ausgedruckt habe. Das ist von der Hausverwaltung, über die ich auch meine Wohnung anmiete. Ich könnte für dich sogar ein gutes Wort einlegen.“ Die junge Frau lächelte ihn an und Leonie mochte ihr Lächeln nicht. „Cool, danke“, antwortete er knapp, aber dafür kratzte er sich verlegen am Nacken, was Leonie wieder nicht schmeckte. Es war diese Geste, die er immer machte, wenn er verlegen war. „Also wenn alles klappt, kannst du echt mit Beginn des neuen Jahres in Dresden arbeiten, ich habe heute nochmal mit unserem obersten Chef gesprochen, er hat nichts dagegen, dich in die Dresdner Werbeagentur umzusetzen. Ist doch kein Leben mehr hier in Berlin, du musst neu beginnen.“ Leonie schnappte nach Luft, wer war diese Frau, die meinte zu wissen, weshalb es hier kein Leben mehr war. Und wieso schien diese Frau sein Leben zu kennen. „Danke“, antwortete Julian, „ich denke, ich sollte das tun und nochmal ganz von vorne beginnen.“ Er ließ seinen Blick über die Fotowand schweifen und Leonie wusste nur zu gut, dass er gerade an sie dachte. „Dann bis morgen, schlaf gut.“ Jasmin legte ihre Hand kurz in seine und verließ dann das Zimmer, Julian stand noch etwa eine Minute wie versteinert in seinem Zimmer, ohne sich zu bewegen, dann lockerte er endlich seine steifen Schultern und ließ sich auf sein Bett nieder. Leonie konnte das alles kaum fassen, ein komisches Gefühl durchzog ihr Inneres. Irgendwie beschlich sie das seltsame Gefühl, dass diese Frau in Zukunft mehr als nur eine Kollegin von ihm sein könnte.

Zurück im Himmelsreich hatte Leonie das Bedürfnis, mit Erzengel Chamuel zu sprechen. „Wer ist diese Frau?“ „Meine liebe Leonie, dies ist seine Bestimmung. Diese Frau ist ein weiterer Teil seines zukünftigen Lebens. Sie ist vor kurzem in sein Leben getreten und wird ihm helfen, ein Stück weit über dich hinwegzukommen. Sie gibt ihm neuen Lebensmut und es wäre gut, wenn du ihn nun loslassen würdest, denn dies ist sein Weg“, mitfühlend, aber eindringlich, schaute er zu Leonie herüber. „Aber ...“, protestierte sie. „Kein aber, liebe Leonie, sie ist Schicksal, kein aber.“ Erzengel Chamuel drückte Leonie an sich, die heute so zerbrechlich wirkte und gab ihr Trost und Halt.

Kapitel 10: Ein Wochenende in Dresden

In der Berliner Werbeagentur herrschte die morgendliche Geschäftigkeit, auf dem langen Flur begegneten sich Kollegen mit Akten in den Händen oder mit gefüllten Kaffeebechern, das wöchentliche Meeting stand kurz bevor. Julian saß noch am Schreibtisch seines kleinen Einzelbüros, kaute nachdenklich an seinem Kugelschreiber und sein Blick wanderte zu dem Foto, das er neben den Ficus benjamina gestellt hatte. Wenn er in diese vertrauten Augen schaute, wurde er wieder der Julian, der er sein ganzes Leben lang war, dann wollte er wieder der Junge sein, der seine Gefühle verbarg und in seiner Traumwelt lebte, dann wollte er wieder der junge Mann sein, der dieser Frau näherkam, ganz langsam. Diese Liebe hatte ihm alles gegeben, was er je brauchte, diese Frau war ein so verwobener Teil seines Herzens, dass es nun schmerzte wie eine klaffende Wunde. Seine Kehle brannte, es waren so viele ungesagte Worte in ihm, die er ihr doch noch sagen wollte. Seiner Leonie, der Frau, die er energetisch immer noch fühlen konnte. Tränenflüssigkeit sammelte sich in seinem linken Auge, der Blick aus dem Fenster in die Innenstadt war wolkenbehangen und grau an jenem Freitagmorgen. Dies passte zu seinem Gemüt, was ihn heute wieder so unsicher werden ließ. Es klopfte an der Tür, Julian zuckte auf. Durch die milchige Glasscheibe zeichnete sich eine Silhouette ab, es war Jasmin. Ohne eine Antwort auf ihr Klopfen abzuwarten, steckte sie ihren Kopf vorsichtig durch die angelehnte Tür. „Stör ich?“

„Nein“, sein Blick ruhte auf ihrem Gesicht. „Ganz und gar nicht.“ Seine Leonie hätte jetzt den traurigen Unterton in seiner Stimme bemerkt. „Das Meeting fängt an, sie warten auf dich, komm“, mit einer einladenden Geste und einem breiten Lächeln forderte sie ihn auf, zwei Kaffeebecher in der Hand. Julian schluckte den dicken Kloß hinunter, richtete kurz sein Hemd. Dann nahm er den kleinen Bilderrahmen mit dem Foto und legte ihn behutsam in die Schublade seines Rollcontainers. *Schau nach vorn*, ermutigte er sich eindringlich und verließ das Büro.

Am Busbahnhof parkte Julian seinen Wagen in eine Parktasche und löste ein Kurzparker-Ticket. Jasmin zog sich derweil ihre prallgefüllte Reisetasche aus dem Kofferraum und band sich ihre wehenden Haare zu einem Zopf. Dieser Freitag blieb ein trüber und verregneter Tag. Es war Mitte Oktober und die ersten Bäume färbten sich bereits in gelb und orange. „Find ich echt lieb von dir, dass du mich noch zum Busbahnhof bringst“, mit einem verbindlichen Lächeln schaute sie zu Julian, der ihr, charmant wie er nun einmal war, die schwere Reisetasche aus der Hand nahm. „Das ist doch wohl das Mindeste, was ich für dich tun kann, nachdem du mir wieder die Augen geöffnet hast. Ich bin sehr dankbar, dass du dieses Seminar in unserer Werbeagentur absolviert hast und wir uns über den Weg gelaufen sind." Verlegen blickte er hinunter auf den Asphalt, ein kleiner Stich in seinem Herzen verriet, dass er vom Kopf soweit war, neue Wege zu gehen, vom Herzen aber noch ein wenig hinterherhinkte. Am Bus angekommen, umarmten sie sich kurz, aber fest. „Also wir sehen uns dann nächsten Freitag bei mir, die Adresse hast du und dann zeig ich dir mal meine Stadt. Und auch den Sitz der Werbeagentur", Jasmin strich ihm kurz über seine Wange, dann stieg sie in den Bus und Julian blieb noch einen Moment stehen, ein seltsames Gefühl durchwanderte seinen Geist. Es war, als schlügen zwei Seelen in seiner Brust und eine wollte ihn hier halten, hier in Berlin, die andere beharrte auf einen Neuanfang und wollte nicht länger verweilen.

Leonie saß auf seiner Fensterbank und blickte hinauf in den Nachthimmel. Unzählige Sterne funkelten in der Ferne, die zunehmende Mondsichel wurde soeben von einer Wolke verschluckt. Julian hatte seine Sachen gepackt, der Koffer stand geschlossen vor seinem Bett. Leonie spürte, er war schon auf halbem Weg in ein neues Leben. Und dies sollte an diesem Wochenende starten, wenn er diese Jasmin wiedersehen sollte, wenn er seine neue Heimat kennenlernen sollte. Sie registrierte, dass er heute nicht ein einziges Mal ihr Foto in die Hand genommen hatte. Eigentlich sollte sich Leonie für ihn freuen, eigentlich sollte sie endlich Abschied nehmen und sich emotional von ihm lösen. Doch immer wieder ertappte sie sich dabei, in seine hellblauen Augen zu schauen und gedanklich in einen Rückblick ihrer gemeinsamen Vergangenheit einzutauchen. Immer wieder genoss sie seine Nähe, auch wenn diese gänzlich ohne Zukunft und Perspektive war. Noch einmal legte sie sich in dieser Nacht zu ihm, hüllte ihn ein in ihre Flügel. Noch einmal wollte sie bei ihm sein, bevor er dann am Morgen nach Dresden fuhr, bevor sie dann nicht mehr die Gelegenheit hatte, ihn für sich allein zu haben.

Er überquerte das Elbufer und blickte auf die Stadt, von der er gelesen hatte, dass diese den Namen „Elbflorenz" trug. Leichte Vorfreude machte sich in ihm breit und auf einmal kehrte ein kleiner Hoffnungsschimmer in ihm zurück, der ihm sagte, dies sei gut, der ihm versicherte, dies sei der richtige Schritt in die richtige Richtung. Mit einem Mal spürte er, dass sich ein großer Felsbrocken von seinem Herzen lösen und so ein leichter Anflug von Lebensfreude in ihm zurückkehren wollte. In einer engen, kopfsteingepflasterten Seitenstraße, dessen bunte Häuserfassaden unverbauten Blick auf die Elbe hatten, parkte er seinen Wagen und hielt Ausschau nach dem kleinen Stadthotel, in dem er über das Wochenende einchecken wollte. Er hielt es für keine gute Idee, bei Jasmin zu übernachten, auch wenn sie es ihm mehrfach angeboten hatte, da sie in ihrer Zweiraumwohnung genug Platz für getrennte Schlafmöglichkeiten hätte. Nein, Julian war ganz und gar nicht der Typ für solche Aktionen, er wollte nicht gleich mit der Tür ins Haus fallen.

Die junge Frau am Empfangstresen reichte ihm den Zimmerschlüssel und wünschte ihm einen angenehmen Aufenthalt. Julian passierte die Lobby des modernen Stadthotels und nahm den Aufzug in die vierte und oberste Etage des kleinen Hotels. Zimmer 4.24 sollte seine Unterkunft werden, für zwei Übernachtungen, an denen er eine weitreichende Entscheidung treffen wollte, die für sein weiteres Leben nicht unbedeutend war. Julian war innerlich an dem Punkt angelangt, wo er endgültig von Leonie Abschied nehmen wollte. Er war sich bewusst, diese Frau würde in seinem Herzen immer weiterleben, vor seinem inneren Auge würde er immer in ihre vertrauten, blauen Augen schauen und dort seine Heimat wiedererkennen. Dennoch konnte er diese Lücke, die sie hinterlassen hatte, in seiner Heimatstadt, in seinem Elternhaus, einfach nicht mehr ertragen. Alles, jeder noch so kleinste Winkel des Hauses, erinnerte ihn an sie, alles war ausgefüllt von ihren Worten, durchtränkt von unzähligen gemeinsamen Erlebnissen und Momenten. Nein, ein Neuanfang schien dort einfach nicht mehr möglich.

Es sind Tage des Schicksals, mit diesen Gedanken betrat Julian sein Hotelzimmer und parkte seinen Koffer erstmal vor dem großen Doppelbett. Denn seine Aufmerksamkeit richtete sich nicht auf das Innere des Raumes, sondern auf das Äußere. Er öffnete den kleinen Balkon und legte seine Hände auf das gusseiserne, verspielte Balkongeländer. Die klare, leicht waldige Herbstluft stieg ihm in die Nase und dann eröffnete sich vor ihm ein Ausblick, der ihn ganz schwach werden ließ. Das Elbufer lag ihm zu Füßen und es war die untergehende Herbstsonne, die ein warmes, orangefarbenes Licht auf die imposanten, sandsteinfarbenen Gebäude und Kirchen zauberte. Er wollte diesen Moment für immer einfangen, er wollte diesen Blick für immer tief in seinem Gedächtnis speichern und niemals wieder vergessen. Er atmete tief ein und aus und war sich sicher wie schon lange nicht mehr, dass dies der Startschuss in ein neues Leben war.

Jasmin war ihr Name, diese Frau hatte ihm vor kurzem die Augen geöffnet und ihm eine Perspektive vorgeschlagen, die zu diesem Zeitpunkt genau in sein Weltbild passte. In der kleinen Teeküche der Werbeagentur ist er ihr den einen Tag, kurz vor Feierabend, über den Weg gelaufen. „Gibt es hier einen Geschirrspüler, den ich irgendwie nicht finden kann oder spült jeder seine Tasse selber ab?“ Julian gluckste leicht vor sich hin, denn in dieser kleinen Pantry-Küche war dafür überhaupt kein Platz. „Ich spüle meine auch gerade, reich mir einfach rüber.“ Julian schaute seitlich zu der hübschen jungen Frau. „Sind Sie neu in unserer Agentur?“ Jasmin strich sich eine Haarsträhne aus dem Gesicht, die sich aus ihrem Zopf gelöst hatte. „Nein, ich bin hier zu einem Seminar mit ein paar weiteren Kollegen aus dem Dresdner Tochterunternehmen. Zum Ende dieser Woche bin auch schon wieder weg“, mit einem Geschirrtuch gewappnet, nahm sie ihm die sauberen Tassen zum Trocknen ab, Julian löste den Stöpsel aus der Spüle. „Oh, dann ist das ja hier nur ein kurzes Intermezzo in Berlin. Haben Sie denn auch schon was von der Stadt gesehen?“ „Ehrlich gesagt nicht viel, die Seminartage waren bis jetzt so intensiv und ausgefüllt, dass ich abends einfach nur noch in mein gemütliches Studio wollte.“ „Also wenn Sie mal gut essen gehen möchten, ich kenne da einen netten Thailänder nicht weit von hier, da ist es sehr gemütlich und man hat von der zehnten Etage aus einen wirklich herrlichen Blick über Berlin.“ Julian verabschiedete sich höflich und lief dann in sein Büro hinter, um seinen Rucksack zu holen und den Feierabend einzuläuten. Er schaute aus dem Fenster, es war bereits dunkel, aber es war ein schöner, klarer Abend im Herbst. Soeben musste er daran denken, wie wundervoll der Blick heute aus der zehnten Etage sein würde und als er sich die köstlich angerichteten Platten des Thai-Restaurants bildlich vorstellte, lief ihm das Wasser im Mund zusammen, sein Magen knurrte. Gerade, als er von seinem Garderobenschrank hervortrat, stand Jasmin in der Tür. „Ähm“, begann sie verlegen, „ich glaube, ich werde Ihren Vorschlag dann mal ausführen. Können Sie mir sagen, wo ich das Restaurant finde?“ So stand sie da in ihrem roten Mantel und den dunkelblauen Jeans, eine schwarze Wildlederumhängetasche dicht an ihren Körper gedrückt. Julian überlegte kurz, fasste sich über sein Kinn, schaute noch einmal gen Fenster. „Soll ich es Ihnen zeigen und wir essen dort eine Kleinigkeit gemeinsam so unter Kollegen?“ Julian war selber ganz überrascht über seine neue Spontaneität, war er doch sonst eher von der zurückhaltenden Sorte. Ihr herzliches Lächeln reichte ihm als Antwort, sie verließen das Büro und Julian ließ sie vor sich in den Fahrstuhl eintreten.

Es wurde ein langer Abend, länger als geplant. Sie saßen in einer gemütlichen Ecke am Fenster bei einer gemischten Platte mit asiatischen Köstlichkeiten. Es ließ sich nicht vermeiden, Leonie nicht zu erwähnen, seine ganze Vergangenheit, außer die berufliche, waren erfüllt von dieser Frau. So erzählte er Jasmin – sie waren mittlerweile beim „du" angekommen – was ihm auf seinem Herzen lastete, so erzählte er ihr beinahe seine komplette Lebensgeschichte, obwohl er dies in keiner Weise vorhatte. Mit einer Aufmerksamkeit, die er bemerkenswert fand, saß sie ihm gegenüber, das Kinn aufgestützt auf ihre in sich gefalteten Hände. „Ich habe Gänsehaut", unterbrach sie ihn nach einer Weile und er konnte einen leichten Glanz in ihren Augen erkennen. „Dies ist sehr traurig und ich kann dir versichern, ich kann dir in gewisser Weise sehr gut nachempfinden." Jasmin schluckte und berichtete ihm dann mit leicht zittriger Stimme, dass sie mit einer Zwillingsschwester auf die Welt gekommen sei, ihre Schwester aber im Alter von einem halben Jahr am plötzlichen Kindstod verstorben sei. Jasmin fügte hinzu, sie habe zwar nie bewusst ihre Schwester kennengelernt, aber sie hatte immer das Gefühl, dass eine Hälfte in ihr fehlte, dass da jemand war, von dem sie schmerzlich getrennt wurde. Diese traurigen Gemeinsamkeiten ließ zwischen den Beiden eine vertraute

Atmosphäre entstehen und den Abend wie im Fluge vergehen.

Der übernächste Tag war ein Tag, an dem sich die Weichen neu stellen sollten, erst im Kopf als Idee, dann als Plan und später einmal als Realität. Jasmin war an diesem Morgen eine ganze Stunde vor Seminarbeginn in der Agentur und klopfte an die Tür von Julians Büro. Er war gerade am Telefonieren und gab ihr durch eine Geste zu verstehen, sie könne sich schon mal in den schwarzen Ledersessel vor dem Fenster setzen. „Guten Morgen, so früh heute?“ Julian schaute auf seine Armbanduhr und ließ sich im Sessel ihr gegenüber nieder. „Guten Morgen“, lächelte sie und wedelte nervös mit ein paar Unterlagen, die sie in ihrer Hand hielt, schaute kurz aus dem Fenster, dann hinüber zur anderen Seite durch den kleinen Raum, als wüsste sie nicht, wo sie beginnen sollte, oder ob sie beginnen sollte. Eine Kollegin unterbrach diese Prozedur und klopfte an der Tür, Julian stand auf. Er gab Jasmin ein Zeichen, dass er kurz der Kollegin helfen müsse und gleich wiederkäme. Jasmin kaute nervös auf ihrer Unterlippe rum, plötzlich war sie sich nicht mehr so sicher, ob sie ihm das wirklich vorschlagen sollte, ob es gut wäre, sich überhaupt in sein Leben einzumischen, wo sie diesen Mann doch erst seit wenigen Tagen kannte. Auf einmal verließ sie jeglicher Mut, als sie da alleine in seinem Büro saß. Sie schloss die Tür und setzte sich in den großen Seminarraum am anderen Ende des Ganges, wissend, dass ihr Seminar erst eine dreiviertel Stunde später beginnen würde.

„Hier bist du“, ohne anzuklopfen steckte Julian den Kopf durch die halb angelehnte Tür, wo er Jasmin alleine an dem großen Tisch sitzen sah, mit Blick aus dem Fenster. In ihrer Gedankenwelt versunken drehte sie sich, ein wenig erschrocken, zu ihm um, die Unterlagen hielt sie in ihrer Hand eng zusammengerollt. „Du wolltest mir doch eben was sagen, also ich habe jetzt Zeit.“ Jasmin zögerte kurz, sah dies aber als Zeichen und folgte ihm dann wieder in sein Büro. Ihre Wangen waren leicht gerötet, aber ihre Stimme fest und überzeugt. „Julian, mich hat unser Gespräch vorgestern sehr bewegt. Ich hatte noch in dieser Nacht eine Idee und konnte nicht schlafen, weil mich das alles so aufgewühlt hat, die Sache mit deiner Leonie und meine Geschichte ja auch mit meiner Zwillingsschwester. Gerade wenn man dann noch in einer fremden Stadt ist, irgendwie kommt manchmal alles zusammen. Na ja, auf jeden Fall ist dies hier nur ein Vorschlag, aber vielleicht könnte er dir helfen.“ Jasmin hielt ihren Blick während sie redete starr auf den kleinen, runden Glastisch, der zwischen ihnen stand, um sich ganz auf ihre Worte zu konzentrieren. Nun schaute sie aber in seine

Augen. „Ich habe gestern mit meinem Chef in Dresden telefoniert, er könnte Verstärkung gebrauchen. Und ich habe mit deinem Chef, also unserem obersten Chef, gesprochen, er würde dich gehen lassen. Nicht gerne, aber er kennt deine Vergangenheit und würde dich gehen lassen." Julian verstand erst nicht, worauf sie überhaupt hinauswollte, aber dann machte es Klick. Er saß nun nicht mehr aufrecht auf seinem Sessel, er lehnte sich weit zurück, die Augen auf den Teppichboden gerichtet, in sich gekehrt. Jasmin gab ihm Zeit, Zeit zu überlegen, Zeit zu antworten. Sie war mit ihren dreiunddreißig Jahren zehn Jahre älter und wusste, hier konnte und wollte sie nichts erzwingen. Sie konnte an der Furche zwischen seinen Augenbrauen erkennen, wie scharf er gerade nachdachte und wie seine Gedanken durch seinen Geist wanderten. Nach einer Weile setzte er sich wieder aufrecht hin und schaute zu ihr rüber. „Genial. Nicht einen Moment habe ich an einen Plan B gedacht. Aber du hast recht, vielleicht sollte ich einen kompletten Neubeginn starten, vielleicht ist es an der Zeit, alte Zelte abzubrechen und aus meiner Trauer endlich rauszukommen." Er kratzte sich am Kopf und Jasmin reichte ihm die ausgedruckten Zettel in die Hand, auf der die Dresdner Agentur mitsamt Kollegenstab abgebildet war, damit sich Julian gleich mal ein realistisches Bild davon machen konnte.

Dies war der Moment, wo Julian begriff, er müsse die Weichen für sein zukünftiges Leben neu stellen, dies war der Impuls, der ihm gefehlt hatte, eine helfende Hand, die ihm gereicht wurde und ihn rausholte aus seinem Schneckenhaus, in das er sich weit vergraben hatte.

Julian schloss die Klinke der Balkontür und machte sich daran, seinen kleinen Koffer auszupacken. Der Blick auf seine Armbanduhr verriet ihm, dass er noch genug Zeit hätte, bevor sie sich treffen wollten. Er zog einen kleinen Bilderrahmen aus seinem Rucksack, den er zum Schutz in ein Handtuch eingewickelt hatte, und stellte diesen auf den Nachttisch zur linken Seite des Bettes.

Mit einem Mal wanderten seine Gedanken zu einer Begebenheit aus seiner Kindheit – er war gerade mal zehn Jahre alt. Seine Eltern und er verbrachten einen Großteil der Sommerferien immer in Italien, an der Adria. Von Jahr zu Jahr, von Sommer zu Sommer. Seine Eltern mieteten jedes Mal dieselbe Einliegerwohnung und hatten inzwischen ein gutes und gefestigtes Verhältnis zu den Vermietern, einem kinderlosen Pärchen mittleren Alters, die in dem großen Haus mit der Einliegerwohnung lebten. Ab und zu unternahmen sie mit ihnen Fahrten auf ihrem weißen Segelboot und manchmal grillten sie alle zusammen im Garten. Es waren schöne und unvergessene Wochen im Sommer, doch was Julian an dem einen Abend zu hören bekam, jagte ihm eine Heidenangst ein.

Sie hatten ein Barbecue im Garten gemacht und zu fortgeschrittener Stunde war es für Julian Zeit, auf sein Zimmer zu gehen. Seine Eltern blieben noch ein wenig draußen, es war eine herrlich laue Sommernacht im August mit einem funkelnden Sternenhimmel, an den er sich bis heute lebhaft erinnern kann. Julian hatte seinen Fotoapparat auf dem Tisch im Garten vergessen und stieg noch einmal die Außentreppe herunter, um in den Garten zu gelangen. Seine Eltern saßen in der Hollywoodschaukel, hinter einem üppigen Busch, sie konnten ihn nicht sehen, er konnte sie aber sehr wohl hören. Und die Worte, die er zu hören bekam, schmeckten ihm so gar nicht, auch wenn er diese Reisen nach Italien, an diesen mittlerweile sehr vertrauten Ort am Meer wirklich sehr liebte. Es gab da etwas, was er noch mehr liebte, auch wenn ihm das zu diesem Zeitpunkt noch nicht in vollem Umfang bewusst war.

„Marianne, wenn ich irgendwann doch mal das Glück habe, nen Sechser im Lotto zu gewinnen, dann verspreche ich dir, ziehen wir hierher. An diesen Ort, wo wir unsere Flitterwochen verbracht haben, an diesen Ort, wo es uns immer so gut geht." „Kleiner Tagträumer", antwortete sie und dann konnte Julian nur noch ein Kichern seiner Eltern vernehmen. Als zehnjähriger Junge wusste er nicht, ob sein Vater ernst machen würde, aber er konnte es seinen Eltern durchaus zutrauen. Julian hastete hoch in sein Zimmer, der Fotoapparat war ihm nun vollkommen zur Nebensache geworden. Mit aufgestützten Ellenbogen lehnte er sich auf das Fensterbrett, faltete seine Hände und betete in den sternenübersäten Himmel. Er betete so inbrünstig wie noch nie, er betete, seine Eltern mögen niemals im Lotto gewinnen, denn kein Geld der Welt könnte diesen Verlust aufwiegen, den er damit erleiden würde. Seine Leonie, seine beste Freundin, seine Schwester im Herzen.

Julian öffnete die Augen und nahm den Bilderrahmen behutsam in seine Hände. Blaue Augen schauten ihn an, auf einmal zog sich sein Herz zusammen und er musste weinen. Er musste daran denken, dass ihm nur noch zwölf weitere Jahre geblieben sind, bevor er seine Leonie verloren hat. Und dieser Verlust war weitaus schlimmer, als nur ein Umzug in ein anderes Land, dieser Verlust bedeutete Endgültigkeit, bittere Endgültigkeit und eine Finsternis, die so unendlich weh tat. Julian schluckte. Eins wusste er jedoch mittlerweile, eins war ihm mittlerweile ein Trost geworden. Im Herzen würde diese Liebe niemals enden, im Herzen gab es einen Ort, wo er ihr niemals fern war, wo er immer noch ihre Hand spüren und ihren Blick auf sich fühlen konnte.

Am frühen Abend verließ Julian das Hotel, eine leichte Jacke leger über die Schulter gelegt. Sein Schritt war schnell und zielgerichtet, ohne Umschweife lief er die Seitenstraße hinunter in die innere Altstadt und erreichte den Treffpunkt, das Luther-Denkmal vor der Frauenkirche. Da er ein wenig zeitig dran war und Jasmin unter den vielen Passanten noch nirgendwo ausmachen konnte, wagte er einen Blick in das Innere der Kirche. Langsamen Schrittes lief er vor zum Altar und schaute auf halbem Weg hoch auf die prächtige Malerei in der Kuppel. Am Rande der Kirche zog ein funkelndes „Lichtermeer" seinen Blick auf sich, unzählige Kerzen leuchteten dicht nebeneinander und boten – gerade in dieser Abendstimmung – ein schönes Bild. Julian trat näher, nahm sich eine weiße Kerze und zündete diese an. *Die ist für dich, geliebte Leonie*, sprach er innerlich. *Und möge ich die richtige Entscheidung mit Dresden treffen.*

Jasmin stand bereits am Luther-Denkmal, als Julian aus der Kirche trat. Mit ihrem roten Mantel, mit dem er sie nicht übersehen konnte, ihre Haare trug sie heute offen. „Hallo schöne Frau“, er lächelte sie von der Seite an und sein Lächeln wurde herzlich erwidert und es folgte eine feste Umarmung zur Begrüßung.

Sie liefen tiefer hinein in die Altstadt, Jasmin wollte ihm ihren Lieblingsitaliener zeigen. Ein kleines, rustikales Restaurant mit braunen Ledersofaecken entlang der breiten Fensterfront und runden Holztischchen mit Rattanstühlen in der Mitte. An diesem Abend spielte eine Live-Band. Die beiden bahnten sich einen Weg durch das enge, bereits gut gefüllte Restaurant und ergatterten noch einen freien Tisch, der zu allen Seiten von anderen Tischen umgeben war. Julian bemerkte sofort, dass der Altersdurchschnitt der Gäste überwiegend in seinem Alter sein musste. Sie teilten sich eine große Pizza „Vier Jahreszeiten“, er trank ein Bier und Jasmin ganz klassisch ein Glas Rotwein. Julian war nicht sehr gesprächig an diesem Abend, er fühlte sich ein wenig befangen und gehemmt, was Jasmin ihm irgendwie anmerken konnte. Zudem war die Geräuschkulisse durch die vielen Leute auf engem Raum und die Musik recht laut und ließ kaum ein längeres Gespräch zu, ohne andauernd das Gesagte wiederholen zu müssen oder das Gefühl zu haben, man müsse sich anschreien, obwohl man sich doch direkt gegenübersaß. Die beiden hatten schon aufgegessen, da stimmte die Band ein schönes, langsames Lied an. Jasmin zögerte keine Sekunde, sie konnte nicht mitansehen, wie er sich heute quälte und so verschlossen wirkte. „Nur ein Tanz, komm“, forderte sie ihn auf, berührte leicht seinen Unterarm und er schaute ein wenig verlegen hoch zu ihr. Dann löste er seine Hand endlich von seinem Bierglas und folgte ihr auf die kleine Tanzfläche. Sie waren die einzigen, doch Jasmin war selbstbewusst genug, um auch diese Situation locker zu umspielen, legte einfach ihre Arme auf seine Schultern und lehnte sich ganz leicht an ihn. Irgendwann wurden Julians steife Schultern ein wenig lockerer, irgendwann konnte er diesen Moment der Nähe zulassen. Er fühlte ganz leicht ihren Körper, der sich gut anfühlte, er vernahm eine leichte Parfumnote und als das Lied zu Ende war, konnte sie erkennen, dass seine Ohren stark gerötet waren.

Sie verließen das Restaurant und schlugen den Weg nach links ein, vor zum Elbufer mit seiner beleuchteten Promenade. Julian hatte sich mittlerweile seine Jacke übergezogen, es war ein kühler Abend im Herbst mit auffrischendem Wind. Er schaute sich um, die Altstadt wirkte sehr einladend mit ihrer schönen Architektur in Sandstein und den hübschen Altbauten. Für einen Moment hielt er inne, ob er sich hier vorstellen könnte, ein neues Leben, einen neuen Lebensabschnitt, zu beginnen. Seine Gedanken wurden unterbrochen, als Jasmin das Wort ergriff: „Es ist Leonie, oder?“ Julian schaute nicht zu ihr, sein Blick klebte nun am Kopfsteinpflaster fest und er wollte erst verneinen, doch dann besann er sich und nickte einfach nur. Er konnte nicht verleugnen, dass diese Frau doch noch mehr Raum einnahm, als sie sollte, dass sie immer noch in ihm lebte und er das Gefühl hatte, er könne noch nicht so recht loslassen. Doch Jasmin gab so schnell nicht auf, sie war kein Mensch, der schnell die Flinte ins Korn warf – sie hakte sich leicht bei ihm unter und ließ ihn kurz in seiner Welt verweilen.

Jasmin kam aus einer kinderreichen Familie – nachdem ihre Zwillingsschwester verstorben war, folgten sechs weitere Kinder, die letzten beiden wieder Zwillinge. Jungs diesmal, beide gesund und kräftig. Die Ehe ihrer Eltern war ein ewiges Auf und Ab, was sich auf die Familie durchaus auswirkte. Jasmin, die Älteste unter ihnen, übernahm schnell Verantwortung und ersetzte schon in frühen Jahren ab und zu die Rolle der Mutter, da diese sich – psychisch instabil – immer öfter zurückzog oder auch mehrere Wochen über das Jahr verteilt in einer Klinik verbringen musste. All das machte aus Jasmin einen kämpferischen, zähen Menschen, der nach außen hin immer stärker wirken wollte, als er sich innerlich fühlte. Sie nahm es einfach auf sich, sie sorgte wie eine Glucke für ihre Küken, sie half ihrem Vater und ihren jüngeren Geschwistern, wo sie nur konnte, ohne sich darüber zu beklagen. Ja, sie wollte manchmal aufgeben, ja, ihr wurde das Gestreite und Geplärre der Zwillinge manchmal zuviel, doch die Vernunft behielt in ihr immer die Oberhand und so biss sie sich durch, bis sie das Gefühl hatte, sich von ihrem Elternhaus trennen zu können, bis ihre Geschwister selber reif genug waren, um im Haushalt und bei den Alltäglichkeiten mit anzupacken.

Am Elbufer angekommen, stießen sie auf einen kleinen Jahrmarkt. Es waren Himmel und Menschen, Einheimische wie Touristen unterwegs, obwohl es bereits nach 21 Uhr war. Julians Laune lockerte sich in dem bunten Getümmel ein wenig auf und er wollte Jasmin auf eine Fahrt mit dem Riesenrad einladen.

Als sie sich in die lange Schlange an der Kasse einreihten, änderte Jasmin urplötzlich ihre Meinung. „Du, ich glaube, ich will doch nicht, da wird mir, glaube ich, zu schwindelig." Julian lenkte ohne Widerwillen ein und so traten sie zur Seite, Jasmin steuerte zielgerichtet auf die Promenade zu. „Mami", eine Kinderstimme ertönte von hinten, Julian schaute kurz zurück in die Augen eines kleinen Jungen. Jasmin reagierte nicht. Julian hinterher. „Mami“, rief er erneut, da drehte sie sich endlich um. Ein Mann trat aus der Schlange vor dem Riesenrad, nahm das Kind an die Hand. Julian war nur stiller Beobachter, er stand ein wenig unbeholfen am Rand. Eine Traube von Menschen passierte derweil den Weg von rechts nach links und umgekehrt, während Jasmin sich mit dem Mann unterhielt und das kleine Kind sich an ihre Beine klammerte. Besorgt schaute sie kurz zu Julian rüber, suchte seinen Blick, sprach dann weiter, gestikulierte mit Armen und Händen. Dann strich sie dem kleinen Knirps über den Kopf, gab ihm einen Kuss auf die Wange und drehte den beiden den Rücken zu, der kleine Junge begann zu weinen.

Sie suchten sich schweigend einen Platz auf einer Brücke, fernab der Menschenmassen auf dem Jahrmarkt. Der Wind blies heftig von der Seite, Jasmin band sich den Gürtel ihres roten Mantels ein wenig fester und vergrub ihr Kinn tief in ihr Halstuch. „Ich glaube, ich habe dir nicht alles erzählt“, begann sie ein wenig schuldbewusst. Sie lehnte sich an das Mauerwerk der Brücke, schaute auf die Elbe. „Dies war mein Sohn mit meinem Ex.“ Sie machte eine Pause, ihre Stirn legte sich in Falten. „Wir leben in Scheidung, es ist also alles geklärt.“ Julian stand ihr zugewandt, eine Hand auf der Brücke. Nach ihren Worten musste er sein

Bild von ihr erstmal neu sortieren, bis jetzt hatte er von Jasmin immer angenommen, sie wäre ein Single, doch dann kam es ihm in den Sinn, dass auch sie eine Vergangenheit hatte und darüber hinaus noch zehn Jahre älter war. Er konnte es ihr nicht verübeln, dass sie also eine Vergangenheit hatte. Nur die Art und Weise, dass sie es in keiner Weise erwähnt hatte, machte ihm zu schaffen, ließ ihn ein wenig verärgert und enttäuscht sein. Er hatte ihr sein Herz ausgeschüttet, hatte sich vor ihr regelrecht nackt gemacht, doch von ihr selber wusste er so wenig. Und wenn sie in Scheidung lebte, war dies ja auch kein Grund, das nicht zu erwähnen, dachte er sich, kann ja jedem passieren, sie muss ja ihren Ex-Mann – und schon gar nicht ihren Sohn – verstecken. „Julian, bitte mach jetzt nicht dicht“, sie suchte seinen Blick, weil von ihm keine Reaktion kam. „Wie alt ist dein Sohn?“ „Sechs. Er lebt bei meinem Mann, ein totales Vaterkind. Es war unsere gemeinsame Entscheidung. Aber ich habe ihn jedes zweite Wochenende bei mir.“

Wortlos liefen sie Richtung Stadthotel, Jasmin kaute nervös an ihrer Unterlippe, wissend, ihn in einer Sache angelogen zu haben. Sie fühlte sich schlecht, doch konnte sie Julian in diesem Moment einfach nicht die Wahrheit sagen, hielt sie es zu diesem Zeitpunkt für keine kluge Idee, diesem zerbrechlichen, jungen Mann jetzt von diesem zermürbenden Rosenkrieg zu erzählen, der zwischen ihr und ihrem Mann herrschte. Sie steckte noch mitten drin im Scheidungsprozedere, bei dem Peter einfach nicht einstimmen wollte. Er versuchte, sie mit allen Mitteln zurückzugewinnen, doch für Jasmin war die Beziehung beendet. Als sie Julian kennengelernt und seine Geschichte erfahren hatte, wollte sie sich zurücknehmen und für ihn da sein, ihn nicht auch noch mit ihren Problemen belasten. Nun bemerkte sie langsam, aber bitter, dass einseitige Offenheit nicht gut funktionierte.

Vor dem Stadthotel suchte Jasmin seinen Blick. „Kommst du trotzdem morgen zu mir? Ich wollte etwas kochen, dir meine Wohnung zeigen und anschließend Dresden, die Werbeagentur ...“ Julian schaute ihr nun ins Gesicht, sie standen direkt unter dem Schein einer orange leuchtenden Laterne. Ihre Augen waren voller Glanz, das aber heute mehr der Traurigkeit geschuldet war, wie Julian vermutete. „Ja, natürlich. Es ist doch kein Beinbruch. Ich kann verstehen, dass du es mir nicht gleich erzählt hast.“ Nach einer kurzen Umarmung verschwand er im Inneren des Stadthotels, ohne sich noch einmal umzudrehen.

Warum lügt sie ihn an, warum sagt sie nicht die Wahrheit? Leonie lag auf dem Bett neben Julian, sie hatte seine Trauer gespürt und gab ihm in dieser Nacht Geborgenheit. Seine Augen wirkten ein wenig leer und Leonie empfand so etwas wie Eifersucht, so etwas wie Wut, wenn sie an Jasmin dachte. Im Grunde ihres Herzens wusste sie, dass sie sich hier nicht einmischen durfte, doch war sie noch viel zu tief verbunden mit ihrem letzten Leben, fühlte sie sich noch immer verantwortlich für ihren Julian, den sie einfach nicht loslassen wollte oder konnte.

Jasmins Altbauwohnung lag tief im Herzen der Altstadt, auf dem Dresdner Neumarkt. Julian klingelte an der weinroten Fassade mit der Hausnummer 34, nahm dann die Holztreppe hoch in die erste Etage und Jasmin wusste nicht, als sie die Haustür hinter ihm schloss, dass er Leonie im Schlepptau hatte. „Wie hast du geschlafen?“, sie nahm ihm die Jacke ab und stellte ihm ein paar Hausschuhe auf die Fliesen. „Ganz gut“, antwortete er kurz und knapp und schaute sich dann auf ihrem langen Flur um. Ein buntes Aquarellbild nach dem anderen zierte die Wände. „Ist von einem Künstler hier aus Dresden“, erwähnte sie beiläufig und chauffierte ihn den Gang hinter in ihr großes Wohnzimmer. Am Esstisch direkt unterm Fenster hatte sie schon eingedeckt, im

Hintergrund spielte leise, unaufdringliche Musik. „Warte kurz, ich muss mal in der Küche nach der Lasagne schauen“, schon war sie wieder vom endlos langen Flur verschluckt und Julian betrachtete den Ausblick auf die Häuserfassaden von gegenüber. Die Häuser in dieser engen, kopfsteingepflasterten Straße waren alle im Stile des Barock und der Putz sah sauber und frisch saniert aus, gerade dachte er daran, dass solch eine Wohnung in solch einer Lage ziemlich teuer sein müsse. Ein Scheppern aus einem der vorderen Räume ließ ihn aufschrecken, dann hörte er Jasmin fluchen und war schon auf dem Weg in die Küche. „Die Auflaufform ist von der Arbeitsplatte gefallen, dabei hätte ich schwören können, sie stand komplett auf den Topfuntersetzern, ich stelle sowas doch nicht an den Rand.“ Julian half ihr, die Sauerei wegzuwischen. Da ihre Anziehsachen auch etwas abbekommen hatten, verschwand sie kurze Zeit später in ihrem Schlafzimmer, um sich neu einzukleiden. Julian strich sich ein wenig ratlos über die Stirn, irgendwie hatte er sich diesen Kurztrip in Dresden anders vorgestellt. Jasmin schlug kurzerhand vor, sich etwas zu bestellen und versuchte, ihr Lächeln zu bewahren. In ihrem Inneren wollte sie am liebsten heulen, da alles, was konnte, einfach nur schieflaufen wollte, doch jetzt Verletzlichkeit zu zeigen, würde auch nichts bringen, dachte sie sich entschlossen und biss eisern die Zähne zusammen.

Nachdem die beiden beim Chinesen zwei Gerichte ausgewählt hatten, führte Jasmin ihn durch den Rest der Räume, um ihm die Wohnung zu zeigen.

Julian trat auf den kleinen Balkon, der von der Küche aus begehbar war und fand den Ausblick aus der ersten Etage auf den fünfstöckigen Häuserblock von gegenüber ein wenig erdrückend und schattig im Gegensatz zu dem Ausblick aus dem Stadthotel, der doch um einiges offener und weiter war. Jedoch wäre solch ein Ausblick nochmal um einiges teurer, mutmaßte er. „Wenn du nach links schaust, kannst du einen Zipfel Elbe erkennen und ganz besonders schön ist der abendliche Ausblick auf die Stadt, wenn einige Gebäude hell angestrahlt werden. Ich kann sogar ein Stück der Frauenkirche sehen." Im Wohnzimmer betrachtete Julian ausgiebig die Wand mit der bunten Fotostrecke. „Sag mal, Jasmin", fing er vorsichtig an, „darf ich fragen, wieso ihr euch getrennt habt?" Jasmin schaute kurz zu Boden, setzte sich dann auf die Armlehne des Sessels. „Also der Grund ist, dass er mir gegenüber ein paarmal gewalttätig geworden ist. Unserem Sohn gegenüber zum Glück nicht ein einziges Mal, sonst würde ich ihn niemals bei ihm wohnen lassen. Aber ich habe das nicht mehr ertragen und für mich den Schlussstrich gezogen." Jasmin seufzte innerlich erleichtert auf, immerhin diese Worte entsprachen der

Wahrheit, auch wenn die Scheidung noch nicht durch war und sie in dieser Sache immer noch im regen Kontakt mit ihrem Rechtsanwalt stand, was ihr so einige Nerven abverlangte. Julian schüttelte den Kopf und meinte, sie könne heilfroh sein, das nun alles hinter sich zu haben. Bevor sie darauf irgendwie eingehen musste, klingelte es an der Tür und Schwupps war sie auch schon wieder vom langen Flur verschluckt.

Jasmin nahm die Assietten erstmal in die Küche, um sie auf einem richtigen Teller zu servieren, dann holte sie ein großes Tablett, um das Geschirr in die Stube zu transportieren. Julian versorgte die beiden in der Zwischenzeit mit Getränken und bediente sich an ihrem Kühlschrank. Am Esstisch saßen sie beide am Fenster und sich genau gegenüber. „Jetzt habe ich aber Hunger“, Jasmin nahm einen gehäuften Löffel voll Hähnchen mit Reis, doch ihr Mund verzog sich, als hätte sie in eine bittersaure Zitrone gebissen. „Bah“, machte sie und wollte den Bissen am liebsten ausspucken, doch das verbot ihr der Anstand und irgendwie schluckte sie ihn hinunter. „Was ist los?“, Julian schaute fragend auf, sein Essen schmeckte ganz normal. „Koste mal, das ist total versalzen, aber in höchster Konzentration.“ Julian nahm vorsichtig eine kleine Gabelspitze voll und spülte den Bissen mit einem großen Schluck Bier hinunter. „Was ist das denn?“ Angeekelt betrachtete er ihr Gericht, nahm dann ihren Teller, ging in die Küche, holte einen frischen Teller und teilte sein Essen brüderlich. Jasmin war ganz gerührt von seiner Geste, mittlerweile war ihr wirklich nach Weinen zumute. Julian strich ihr mitfühlend über die Wange, so langsam fragte er sich, was der Tag wohl noch an unangenehmen Überraschungen bereithalten würde. In einem Moment erwischte er sich, wie er sich nach seinem zu Hause sehnte und sah es schon fast als Zeichen, nicht nach Dresden zu ziehen. Als Jasmin in der Küche verschwand, um noch einen Kaffee anzusetzen und Julian derweil auf der Couch Platz nahm, entdeckte er auf einmal mitten auf dem Sofapolster ein Foto und einen kleinen Briefbogen, der ihm zuvor dort nicht aufgefallen war. Eigentlich war es nicht seine Art, in fremden Sachen rumzuschnüffeln, aber das Bild lag da so offensichtlich, dass er auch nicht wegschauen konnte. Der junge Mann auf dem Bild kam ihm bekannt vor und mit einmal war ihm klar, dass es sich hier um ihren Ex-Mann, diesen Peter, handelte. Es war ein Portraitfoto in schwarz-weiß. Der Briefbogen lag offen, halb unter dem Bild. Julian war neugierig, Julian linste ganz langsam über die Zeilen, das Datum war frisch, keine zwei Wochen alt. „Hm“, machte er und schob das Bild leicht zur Seite, um noch ein wenig mehr erkennen zu können. Was er dann las, ließ ihn den Atem anhalten:

Meine liebe Jasmin,

ich weiß, es war nicht alles so toll in unserer gemeinsamen Vergangenheit, aber ich verspreche dir, wenn du mir noch eine einzige Chance gibst, mir und deinem Sohn, uns als Familie, dann werde ich mich ändern, dann kann alles besser werden! Ich werde der Scheidung nicht zustimmen, das weißt du doch auch, also bitte komme zur Vernunft!

Dein Peter.

Sie sind also noch gar nicht geschieden, wahrscheinlich nicht mal richtig getrennt, in Julians Gesicht zeichneten sich tausend Fragezeichen ab, er verstand die Welt nicht mehr. Dieser ganze Tag, eigentlich schon der gestrige Abend, dieser ganze Trip nach Dresden war für ihn auf einmal ein einziger Reinfall, ein Trip in die Hölle. Genauso fühlte es sich im Moment für Julian an und er wusste nicht, wem er überhaupt noch trauen konnte.

Julian vernahm Klappergeräusche aus der Küche und dann Schritte auf dem Flur, die näherkamen. Er nahm das Foto mitsamt dem Brief in die Hand und an ihrem Gesichtsausdruck konnte er erkennen, wie sich ihre Miene schlagartig verzog, als sie diese Unterlagen entdeckte. „Wo hast du das her, hast du in meinem Schrank gewühlt?“ Das war der Anfang vom Ende, das war das Zeichen für Julian, hier einen Schlussstrich zu ziehen und das Thema Dresden mitsamt Jasmin zu beenden. Sein Gesicht wurde erst blass und dann rot, er war traurig und wütend zugleich. „Nein“, antwortete er noch im gefassten Ton, „nein, ich gehe nicht an fremde Schränke, aber ich finde es sehr taktlos von dir, das hier so offen rumliegen zu lassen und dann noch Lügen zu erzählen. Ich konnte gar nicht anders als mitzubekommen, dass ihr ja noch gar nicht geschieden seid, dass dieser Mann hart daran arbeitet, dich wiederzubekommen.“ Ohne eine Antwort abzuwarten, erhob er sich vom Sofa, eilte den Flur entlang, schnappte sich im Vorbeigehen Schuhe und Jacke und schmiss die Tür hinter sich zu. Seine Schuhe zog er sich erst unten vor der Eingangstür an, er wollte nur noch weg, weg von Jasmin, weg aus dieser Stadt.

Es war erst 14 Uhr, als er wieder auf seinem Zimmer im Stadthotel war, dies sollte eigentlich ein schöner Tag werden. Ein gemeinsames Essen, ein ausgedehnter Stadtrundgang mit Firmenbesichtigung und vielleicht ein Abend mit einem Hauch von Romantik. Julian war sauer, er war auf einmal richtig sauer, diese Frau überhaupt kennengelernt zu haben. Grob zog er seinen Koffer vom Schrank herunter und schmiss seine Anziehsachen und Utensilien lieblos und durcheinander hinein. Tränen liefen über seine Wangen, er war ausgefüllt von einer tiefen Ratlosigkeit.

Gestern noch schien er so sicher, hier einen kompletten Neuanfang starten zu können, gestern noch hat er an seine Zukunft geglaubt. Und er dachte, diese Verbindung würde ihm guttun, denn er sah in Jasmin einen Menschen, mit dem ihn mehr verband als nur bloße Sympathie. Doch all das hatte sich nun jäh zerschlagen und Julian wollte sie am liebsten so schnell wieder vergessen, wie er sie kennengelernt hatte. Um punkt 14:30 Uhr verließ er auch schon das Stadthotel und checkte, zum Erstaunen der Empfangsdame, einen Tag vorher aus.

Kapitel 11: Loslassen

Er schaute in den Rückspiegel und sah noch einmal das Ufer der Elbe. Die Sonne an diesem klaren Herbsttag war trügerisch, spielte ihm einen Streich. Er fühlte sich wie ein Harlekin, ein Clown, der nach außen lachte und nach innen nur noch weinte. Vielleicht mochte er deswegen keine Clowns, irgendwie hatte er schon immer eine gewisse Abneigung gegen Clowns gehegt. Er fuhr auf die A4 Richtung Berlin, der Verkehr war zähflüssig an diesem Samstagnachmittag. Julian schaltete das Radio ein, um seine Gedanken ein wenig zu zerstreuen. Eigentlich sollte er zu dieser Zeit mit Jasmin durch die Dresdner Innenstadt laufen, er hatte sich darauf gefreut, die Semperoper und den Zwinger zu besichtigen, er wollte eintauchen in die Kultur dieser geschichtsträchtigen Stadt, in der er zuvor noch nie gewesen war. Eigentlich sollte jetzt eine Zeit beginnen, in der es wieder bergauf ging, stattdessen wurde es immer dunkler in ihm. Das Schlimmste war, dass sich eine gewisse Lethargie in ihm bemerkbar machte, die er zuvor noch nicht bei sich kannte. Nachdem Plan A und Plan B gestorben waren, fühlte er keine Kraft mehr für Plan C. Er schob sich durch den Verkehr zwischen LKWs und Reisebussen, rollte im Schneckentempo durch Baustellenabschnitte, stand eine Weile komplett im Stau, weil es einem

Sportwagenfahrer nicht schnell genug gehen konnte und erreichte nach einer langen, monotonen Fahrt am frühen Abend Berlin.

Er lenkte den Wagen in die Siedlung und beobachtete, wie Sarah und ihr Mann gerade nach Hause kehrten und die Eingangstür hinter sich schlossen. Er erinnerte sich, wie schwer es für die beiden war oder auch immer noch sein musste, mit dem Verlust ihrer einzigen Tochter umzugehen. Das vertraute, schummrige Licht erhellte den kleinen Flurbereich und durch die Glasscheibe konnte er ihre Umrisse erkennen, wie sie sich ihre Mäntel auszogen und Markus seine Baskenmütze auf die Hutablage legte. Nur eine Person konnte er dort nicht mehr erkennen, eine Person fehlte und würde für alle Zeit des Lebens fehlen. Er würde nie wieder aus seinem Fenster lugen, um zu schauen, ob dort in ihrem Zimmer Licht brannte, er würde nie wieder heimlich in den Nachbargarten linsen, um sie zwischen Fliederbusch und Obstbäumen zu suchen. Ein Teil war verschwunden und verschluckt für alle Zeit seines Lebens. Ein lautstarkes Hupen hinter ihm riss ihn aus seinen Gedanken, da registrierte er erst, dass er mitten auf der Straße, kurz vor der Einfahrt seines Elternhauses, angehalten hatte. Ohne den Wagen links auf das Grundstück einzuschlagen, beschleunigte Julian und fuhr einfach weiter.

Es war ein Schmerz, den ihm keiner mehr nehmen konnte, eine Lücke, die wohl niemand mehr schließen wollte und ein Schuldgefühl, das immer noch an ihm zerrte. Dunkelheit umhüllte seine Aura und ließ das Licht nicht mehr erkennen. Ausgefüllt von einer erdrückenden Leere fuhr er hinein in ein Industriegebiet und parkte den Wagen auf einem abgelegenen Parkplatz, auf dem sonst nur noch ein paar schrottreife Wagen standen und ein riesiger Müllberg in einer Ecke. Unter seinen Turnschuhen knirschten die kleinen Kieselsteine des Schotterplatzes, als er aus dem Wagen stieg, in der Ferne rief ein Kauz. Vor ihm eröffneten sich Ruinen von Lagerhallen, fensterlose Gebäude, beschmiert mit Graffiti, die im Laufe der Zeit komplett verfallen sind. Ein Abzweig der Spree floss hier entlang und am Wochenende, wenn keine Bauarbeiter zugange waren, schien dieses Gebiet wie ausgestorben. Er kannte diesen Ort nur aus seiner Jugendzeit, als er mit seinen Kumpels hier manchmal abgehangen hatte, mit Leonie war er an einem solch toten Ort nie gewesen. In der Dunkelheit wirkte das alles noch viel verlassener und gespenstischer, ein paar wenige Laternen beleuchteten schwach einen kleinen Weg. Hinter einigen Lagerhallen konnte er kläffendes Gebell ausmachen, dies waren die einzigen Seelen, die hier noch anzutreffen waren.

Julian lief tiefer hinein, in Richtung einer alten, maroden und rostigen Eisenbahnbrücke, die früher einmal in regem Betrieb war, über deren Gleise kohlenbeladene Güterzüge gefahren sind. Nun war sie stillgelegt und weitestgehend mit Bauzäunen und rot-weißem Absperrband gesichert, denn jegliches Betreten dieser Brücke bedeutete absolute Lebensgefahr. Julian ließ sich in unmittelbarer Nähe der Brücke, am Ufer der Spree, im Kiesbett nieder, der Halbmond schien schwach auf die Wasseroberfläche. Es war windstill an diesem Abend im späten Oktober. Julians Magen knurrte lautstark, erst jetzt bemerkte er, dass er total unterzuckert war. Er hatte seit heute Mittag bei Jasmin nichts mehr gegessen und kaum etwas getrunken. Er nahm einen kräftigen Schluck aus seiner Seltersflasche und dann zog er sein Smartphone aus seinem Rucksack hervor. Jasmin hatte unzählige Male versucht, ihn zu erreichen. Die Telefonnummer seiner Eltern in der Liste der unerreichten Anrufe ließ ihn jedoch stutzig werden. Normalerweise riefen sie ihn nicht grundlos an, wussten sie doch, dass er ursprünglich erst am nächsten Abend aus Dresden wiederkommen wollte. Er bemerkte eine ungelesene WhatsApp und las die Zeilen seiner Mutter: *Julian, bitte melde dich bei uns, wir können dich nicht erreichen und machen uns Sorgen. Jasmin hat uns angeru-*

fen, sie hat unsere Nummer aus dem Telefonbuch und uns informiert, dass du heute vorzeitig abgereist bist. Sie macht sich verständlicherweise auch Sorgen, bitte gib uns allen ein Zeichen. Gruß Mama.

Julian schluckte, als er die Zeilen seiner Mama las. Sie war die Letzte, die er jetzt in Sorge wissen wollte, dennoch fühlte er sich außerstande, aus seinem Loch heraus zu krabbeln, irgendwas hielt ihn tief am Boden. Seine Heimat von gestern war nicht mehr seine Heimat. Seine Heimat war seit über einem Jahr von ihm gegangen, seine Heimat war im Himmel und mit einem Mal sehnte er sich danach, ihr zu folgen. „Ich will nach Hause", schluchzte er in sich hinein und konnte nichts mehr zurückhalten, „ich will endlich nach Hause."

Julian stand entschlossen auf, das Smartphone glitt auf die Kieselsteine, der Rucksack blieb halb geöffnet zurück. Schlurfend lief er über den Kieselgrund und kroch durch das Absperrband hindurch. Er schaute hoch und nahm den sandigen, unkrautüberwucherten Weg, der hinauf auf die Eisenbahnbrücke führte. Auf der Brücke fehlten ein paar Bodenlatten und Julian balancierte mit wackeligen Beinen auf der maroden Brückenkonstruktion umher, das Geländer war rostig und fühlte sich an seinen Händen ganz rau an. Da hörte er wieder den Kauz aus dem umliegenden Wald, sein Schrei hallte durch die wolkenlose, frühe Nacht. Tränen nahmen ihm die Sicht und er wusste nicht mehr, was er tat, war einfach nicht mehr Herr seiner Taten. „Leonie, ich komme nach Hause", dies waren seine letzten Worte, bevor er taumelte und sein Fuß ins Leere trat.

Die Sonne stand blutrot am Himmel, Nebelschwaden stiegen aus dem Wasser empor, auf den Wiesen glitzerte frischer Tau. Es war früh am Morgen, als der Notruf bei der Feuerwehr einging, weil ein Fischer in seinem Boot beim Auslegen seiner Netze einen Arm entdeckte, der das Brückengeländer herunterhing. Er war mit seinem motorbetriebenen, kleinen Boot nähergekommen und hatte weit nach oben geschaut. Er fragte sich, wie der junge Mann in dieser Position verharren konnte, denn es war nicht mehr viel Konstruktion da, die ihn an der Brücke festhalten konnte. Er fragte sich, ob er noch lebte und sendete ohne zu zögern einen Notruf mit seinem Mobiltelefon.

Keiner vernahm die Anwesenheit von Leonie, als die Feuerwehrmänner vorsichtig auf die Brücke traten, keiner nahm sie wahr, wie sie ihn davor bewahrte, nach unten zu gleiten. Sie verweilte auf der maroden Brücke, sah ihm hinterher, wie er auf einer Bahre abtransportiert wurde und kurze Zeit später, als der Krankenwagen das graue Industriegebiet verlassen hatte, ertönte das durchdringende Geräusch des Martinhorns, wie es sich weiter und weiter entfernte auf dem Weg ins nächste Krankenhaus.

Ihr Herz war erfüllt von tiefem Schmerz und sie konnte nicht mehr aufhören zu weinen. Erzengel Chamuel hatte sie zu sich geholt. Zusammengekauert lag sie auf der Bank unter dem Fliederbusch. „Es war alles meine Schuld, die Sache mit dem Essen, die Sache mit dem Foto und dem Brief, ich habe das doch nicht beabsichtigt, dass es ihn dahin treibt, mir zu folgen, das war das Letzte, was ich wollte.“ Erzengel Chamuel legte behutsam seine Hand auf den zitternden und schluchzenden Körper. „Ich weiß“, beruhigte er sie, „ich weiß, es war deine Eifersucht, die diese Taten ausführen ließ, es war deine Angst, ihn letztendlich an diese Frau zu verlieren. Aber glaub mir, Jasmin ist in keiner Weise ein schlechter Mensch, nur, weil sie ein paar Dinge verdreht oder verschwiegen hat. Sie hat die gleichen Ängste und Bedenken, die du als Erdenkind auch hattest. Doch schau doch hin, Leonie, Julian ist am Leben. Sein Schicksal ist unumgänglich, auch wenn es momentan ein paar Umwege geht. Und ich fühle nun, du hast losgelassen. Schau nur hin.“

Sie wusste nicht, was er damit meinte und richtete sich auf. „Schau hin“, ermutigte er sie erneut.

„Es ist so blau“, begann Leonie und konnte beinahe ihre Hände in das klare Wasser tauchen und kleine Kreise auf der glatten Wasseroberfläche ziehen, sie konnte sich fast rücklings in den leicht wiegenden Wellen fallen lassen und hoch hinaufschauen in den blauen Himmel, an dem weiße Kumuluswolken ihre Bahnen zogen. Sie spürte schon beim bloßen Hinsehen das Salz auf ihrer Zunge und die angenehme Wärme der Sonne auf ihrer Haut. Sie sah eine junge Familie in einem Garten, mit einer bunten und üppigen Vielfalt an Blumen, so wie Leonie es liebte. Das rote Backsteinhaus mit den weißen Fensterrahmen sah einladend aus und in dem Sandkasten vor der Terrasse saß ein kleines Mädchen, keine zwei Jahre alt. Sie trug ein gelbes Hemdchen und ein hellblaues Röckchen und klopfte beherzt mit einer Schippe auf ein Buddelförmchen, kicherte dabei fröhlich vor sich hin. Ein junger Mann näherte sich und auf seinem Gesicht zeichnete sich ein breites Lächeln ab, als er zu diesem kleinen Erdenkind hinüberschaute – als Julian in die Augen seiner geliebten Tochter sah. „Meine kleine, mutige Leo“, stolz nahm er den kleinen Wurm in seine starken Arme. Leonies Augen füllten sich augenblicklich mit Tränen, als sie dieses Bild vor ihrem inneren

Auge sah. Eine hübsche, brünette Frau kam aus dem Inneren des Hauses und trat auf die Terrasse, mit einem vollen Tablett Eistee und Keksen.

„Sie ziehen ans Meer, sie beginnen ein gemeinsames Leben an einem neuen Ort", Leonie schaute zu Erzengel Chamuel, ihre Augen waren erfüllt von einer tiefen Zufriedenheit und Erleichterung. „Diese Vision, die du nun zu sehen bereit warst, die war schon immer da. Nur konntest du sie nicht sehen, da du an deinem alten Leben festgehalten hast und vor allem an Julian. Nun, da du ihn freigegeben hast, nun, da du Abschied genommen hast – in Frieden – konntest du es sehen, was sein Schicksal für ihn bereithält, was seine Bestimmung sein wird."

Leonie lächelte, erhob sich von der Bank und ließ Erzengel Chamuel zurück. „Was hast du vor, Leonie?" „Ich beende jetzt meine Mission", schon war sie auf dem Weg und wollte keine Zeit mehr verlieren.

Marianne Nording parkte den Kombi ihres Mannes ein wenig schräg auf den vollen Parkplatz des Krankenhauses. Sie fuhr nicht gerne mit diesem Wagen, er war ihrer Meinung nach zu groß für die engen Straßen und es erschwerte die Parkplatzsuche. Aber heute hatte sie keine andere Wahl, mit den öffentlichen Verkehrsmitteln hätte sie eine halbe Ewigkeit gebraucht und mehrfach umsteigen müssen und sie wollte schnellstmöglich zu ihrem Sohn. Norbert hatte Wochenenddienst und wollte versuchen, heute ein wenig eher Feierabend zu machen.

Sie öffnete die Tür des Krankenhauses, ein stechender Geruch von Desinfektionsmittel stieg ihr in die Nase. War das Umfeld eines Krankenhauses visuell nicht schon unangenehm genug, aber dieser Geruch machte es noch um einiges unerträglicher. „Ich suche meinen Sohn, Julian Nording“, beim Pförtner im Eingangsbereich erkundigte sie sich nach Station und Zimmernummer. Sie war, nachdem der Anruf bei ihr einging, Hals über Kopf zum Krankenhaus gefahren. Marianne hatte schon die ganze Nacht so ein mulmiges Gefühl gehabt, denn dieses Verhalten passte nicht zu ihrem Sohn. Nachdem sie am späten Abend die Liste seiner Freunde erfolglos abtelefoniert hatte, quälte sie sich irgendwann in den Schlaf und nahm sich vor, am nächsten Morgen als allererstes zur Polizei zu gehen und ihren Sohn vermisst zu melden. Das einzige, was sie beruhigt hatte, das einzige Lebenszeichen von ihm, war die Lesebestätigung ihrer WhatsApp. Der Anruf des Krankenhauses kam ihr am frühen Morgen zuvor, das Telefon klingelte Sturm, als sie gerade unter der

Dusche stand, ihr Mann nahm das Gespräch entgegen. Nach all dem, was sie mit ihrem Sohn durchmachen musste, nachdem er ein Jahr zuvor seine Sandkastenliebe verloren hatte, war das ein weiterer Tiefschlag in ihrem Leben, vor allem, weil sie dachte, nun würden bessere Zeiten anbrechen. Sie hatte einen guten Eindruck von dieser Jasmin gehabt und dachte einschätzen zu können, dass ihr Sohn mehr als nur Sympathie für diese Frau hegte. Eiligen Schrittes lief sie vor zum Fahrstuhl, ein rüstiger, älterer Herr im Rollstuhl mit einem komplett eingegipsten Bein wartete ebenso, sie nickte ihm wortlos zu.

Julian lag auf dem Krankenhausbett und hatte seinen Kopf zum Fenster gedreht, das zweite Bett in diesem Zimmer war leer. Marianne trat langsam näher und bemerkte, dass Julian schlief. Sie setzte sich auf den Hocker, der vor seinem Bett stand und zog seine Hand leicht zu sich ran, streichelte mit der anderen über seinen Handrücken. Nun konnte sie ihre Tränen nicht mehr zurückhalten, sie musste bitter daran denken, dass ihr Sohn gerade einen Selbstmordversuch hinter sich hatte und sie diese Gelegenheit, die sie nun hatte, beinahe nicht mehr bekommen hätte. Sie fragte sich, was sie falsch gemacht hatte, warum sie nicht besser aufgepasst, besser zugehört hatte. Doch sie konnte ihn doch nicht rund um die Uhr behüten.

Marianne zog sich ein Taschentuch aus ihrer Umhängetasche. *Er ist blass*, dachte sie sich und unter seinen Augen zeichneten sich ein paar tiefe Augenringe ab. „Mein Julian“, flüsterte sie leise.

Marianne erinnerte sich schmerzlich an die Zeit, als Julian für mehrere Wochen im Koma lag und sie jeden Tag an seinem Krankenhausbett saß, in der Hoffnung, er möge wieder ins Leben zurückkehren. Nach gut sechs Wochen schlug er die Augen auf und kehrte zurück, dennoch war er danach nicht mehr derselbe Julian, der er vorher war. Mit Leonie war auch ein Stück von ihrem Julian gegangen, als hätte sie einen Teil von ihm einfach mitgenommen in den Himmel.

Julian bewegte seinen Kopf auf die andere Seite und öffnete dann leicht blinzelnd die Augen. Sein Blick fiel direkt in die tränengefüllten Augen seiner Mutter. „Mama“, sagte er mit trauriger Stimme, „es tut mir so leid.“ Er wusste sich keine weiteren Worte und Marianne strich ihm beruhigend über sein Haar. „Alles gut, mein Junge, das werden wir auch überstehen. Alles gut.“ Julian schloss kurz die Augen, als würde er nachdenken. „Weißt du, was komisch war gestern, als ich auf der Brücke stand und dachte, ich würde nach unten fallen? Ich spürte eine Macht hinter mir, stark, aber gleichzeitig auch so unglaublich sanft. Sie hielt mich, hielt mich auf, denn sonst wäre ich gefallen. Eine Stimme in mir sagte, es wäre noch nicht Zeit, nach Hause zu kommen, eine Stimme in mir – so schön wie Leonies Stimme. Es war für einen Moment, als konnte ich sie spüren. Wie Engelsflügel, die mich umhüllten, beschützten. Die mich abhielten von dummen Dingen wie diesen." Er schaute beim Reden an die hohe Decke des Krankenhauses, Marianne schniefte in ihr Taschentuch, die andere Hand auf seiner. „Ich komme gleich wieder, ich geh nur einmal in den Park runter und gebe deinem Papa Bescheid, damit er sich nicht solch große Sorgen macht", mit gesenktem Kopf verließ sie sein Zimmer.

Leonie stand in der hinteren Ecke des langen Krankenhausflures, als Marianne an ihr vorbeilief. Dann ging sie in sein Zimmer – dann ging sie zu Julian.

Sie legte ihre Hand auf seine Hand, die matt auf der weißen Krankenhausbettdecke ruhte. Sie sah in diese hellblauen Augen, die heute so voller Trauer waren. Sie wollte ihm von der Vision erzählen, die sich bald erfüllen sollte, sie wollte ihm so gerne sagen, was für schöne Sachen ihn in Zukunft noch erwarten sollten, wie glücklich er noch sein wird und was für ein stolzer Papa er werden wird. Sie wollte, sie könnte ihm jetzt schon ein

Lächeln entlocken. Tränenüberströmt saß sie ihm gegenüber. „Julian, alles, was ich dir jetzt noch wünsche ist, dass du glücklich bist, dass du dein Leben lebst. Und sei dir gewiss, ich werde da sein, wenn unsere Zeit reif ist, wir werden uns in der nächsten Inkarnation wieder begegnen und du wirst mich erkennen. Du wirst mich erkennen an der Melodie in deinem Herzen, die auch die meine ist oder an den Farben in deiner Seele, die auch die meinen sind." Leonie schluckte einen dicken Kloß hinunter, sie konnte nicht länger verweilen. Zart drückte sie seine schwache Hand und wusste, diese würde schon fast morgen wieder voller Leben sein, pulsierend und heiß, durchdrungen von dem Geist des Neuanfangs, der immer Zauber bereithält, immer.

Leonie war schon fast aus der Tür. Drehte sich ein letztes Mal um und ging. Ein Auge weinte. Eines lachte. „Ich liebe dich. Ich liebe dich, Julian."

Epilog:

Zwillingsseele

Ich spüre dich aus der Ferne
und umarme dich fest,
wann immer mein Inneres nach dir schreit.

In Wahrheit bist du niemals fern.

In Wahrheit brauche ich nur
mein Herz zu öffnen
und die Energie zu spüren,
die Resonanz dieser einen Liebe.

Die niemals vergeht – die niemals vergisst –
die immer verzeiht – die immer mehr zeigt –
immer mehr gibt
und immer mehr empfängt.

Wie eine Quelle,
die niemals versiegt,
immer aus dem Vollen schöpft.

In Wahrheit umarmen wir uns
und unsere Herzen tauschen sich aus –
Tag und Nacht, unentwegt,
hinweg durch Zeit & Raum.

Ich kann weghören.
Ich kann zuhören.
Ich kann den Ton leiser stellen,
falls die Stimme in mir zu laut wird.

Doch ich kann nie gehen –
nie gehen von dir.
Unsere Umarmung ist wie ein Versprechen.
Für immer und noch mehr.

Ich liebe dich.